はじめに

さつまいも、じゃがいも、里いもに山いも――。栽培しやすく、天候不順にも強いいもは、米や麦よりも古い時代から主食として利用されてきた、命をつなぐ大切な食べものです。人々はさまざまな工夫をして、おいしく食べてきました。

近年はヘルシーな食材としても注目が集まっています。さつまいもは、品種「べにはるか」の登場で焼きいもが一大ブームに。干しいもも、自然な甘さを一年中楽しめると人気が高まっています。じゃがいも、里いもなどのいも類は、食卓でも家庭菜園でも定番の野菜です。いずれも一度にたくさんとれるのはうれしいですが、食べ方のレパートリーが少なかったり、保存に失敗してしまうなんてこともあるのではないでしょうか?

この本では、農家の雑誌『現代農業』を中心に、姉妹誌の『うかたま』『食農教育』などの記事をもとに、家庭で気軽に作ることができる、いもの加工、料理、おやつの作り方をまとめました。みんなが作りたい定番ものから、あっと驚く農家のアイデアレシピまで、豊富なレシピを紹介しています。人気の焼きいもや干しいもについては、家庭にある道具で失敗なく作るコツはもちろん、農家ならではの工夫に、たき火やドラム缶を使ったワイルドな方法まで掲載。お店で買うものもおいしいですが、自分の畑でとれたいもで手作りすれば、味わい深さもひとしお。意外と難しい、いもの長期保存のコツまでをまとめました。文字通り〝いもづくし〟の一冊です。

この本が、いもを味わい楽しみ尽くす一助となれば幸いです。

２０２２年11月

一般社団法人　**農山漁村文化協会**

目次

第2章　さつまいもの料理・おやつ

さつまいもの料理

さつまいものおやつ

第3章　じゃがいもの料理・おやつ

じゃがいもの料理

じゃがいものおやつ

第4章　里いもの料理・おやつ

里いもの料理

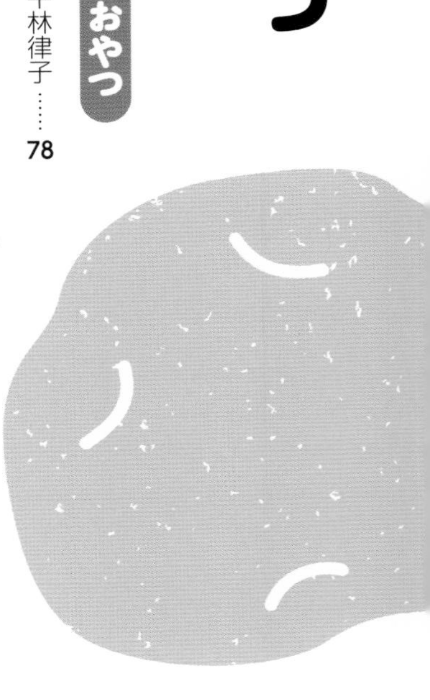

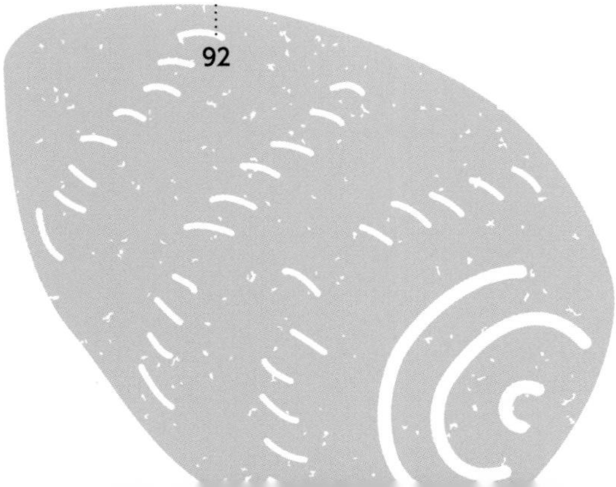

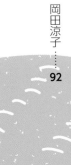

里いものおやつ

里いものちょっとイイ話

第5章　長いも・山いもの料理・おやつ

長いも・山いもの料理

長いも・山いものおやつ

長いも・山いものちょっとイイ話

※執筆者・取材者の情報（肩書、所属など）については、記事初出当時（『現代農業』掲載時など）のものです。

いもの品種いろいろ

いもは、品種によって色も大きさも味もさまざま。
それぞれの特徴を知ると、もっとおいしく食べられます。
おなじみのものから流行りのものまで、そろえてみました。

（まとめ・編集部、写真・小林キユウ）

さつまいも

品種ごとに、加熱した際の食感、甘さが違います。また、収穫直後と貯蔵後で食感や味が変わるものも。近年はねっとり系が人気です

ベニアズマ

ほくほく系　甘み度：高

ほくほく系の代表選手。日本で最も多く生産される。収穫直後からおいしいが、貯蔵するとより甘くねっとりしてくる

パープルスイートロード

ほくほく系　甘み度：低

紫いもの中では比較的甘く形もよい。ただ、収穫直後は甘さが少ないので、貯蔵するのがおすすめ。色を生かしてお菓子に加工してもよい

安納いも

ねっとり系　甘み度：高

種子島の在来種。甘さとねっとりした食感の焼きいもが人気。プリンやスイートポテトなどに使ってもおいしい

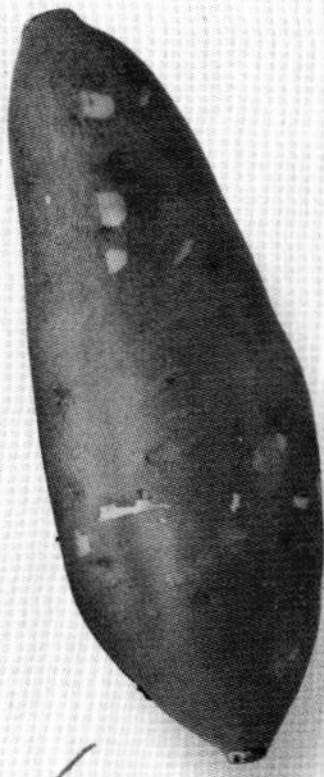

べにまさり

しっとり系　甘み度：高

しっとりとした食感と、上品な甘さが特徴。収穫直後からおいしい。スーパーの店頭で売られる焼きいもにもよく使われている

べにはるか

ねっとり系　甘み度：高

加熱するとクリームのようななめらかさと、強い甘みが際立つ。貯蔵するとより甘くねっとりする。ペーストにしてお菓子に使うとおいしい

高系《こうけい》14号

ほくほく系　甘み度：中

西日本を中心に栽培される。粉質で、焼きいもや大学いもに向く。ほくほくした食感は貯蔵後も変わりにくい。「なると金時」「べにさつま」「紅赤」などは高系14号を選抜改良したもの

じゃがいも

生産量はいもの中でトップ。煮くずれしやすいかどうかが、調理の上ではポイントです。料理によって使い分けてみましょう

ノーザンルビー

しっとり系　煮くずれ度：低

赤い色は、抗酸化物質のアントシアニン由来。油通しすると、色がきれいに保たれる。長時間の加熱は色が飛ぶので注意。食感はメークインに近い

きたあかり

ほくほく系　煮くずれ度：高

中身が黄色く甘みが強いので「栗じゃがいも」とも。粉質なので、じゃがバターや粉ふきいもにすると、甘みとほくほく感が両方生かせる。火の通りが早いので煮すぎに注意

メークイン

しっとり系　煮くずれ度：低

粘質で煮くずれが少ないので、じっくり火を通す煮物やおでんに適している。じゃがいもを煮物として利用することの多い関西での人気が高い

男爵

ほくほく系　煮くずれ度：高

「男爵」の名は、明治時代に北海道の川田龍吉男爵が、イギリスから導入して育て始めたことに由来。粉がふきやすく、ポテトサラダやコロッケに向く

シャドークイーン

しっかり系　煮くずれ度：中

皮も中身も紫色。食感は、ほくほくとしっとりの中間くらい。色が飛びにくく、ポテトチップスやポテトサラダ、スープなどに使うと色が映える

アンデスレッド

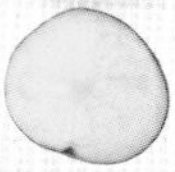

ほくほく系　煮くずれ度：高

アンデス原産のいもを交配し、岡山県の農家が栽培・選抜を繰り返して生まれた品種。皮ごとポテトサラダやフライにすると、皮と中身の色の違いが鮮やかでほくほく感も楽しめる

インカのめざめ

しっとり系　煮くずれ度：低

南アンデスの在来種を親にもつ。ナッツのような濃厚な風味が特徴。煮くずれしにくく小粒なので、丸ごと煮たり揚げたりできる

里いも

山いもに対して、里でできるから里いも。品種によって親いも・小いも・孫いも・葉茎（ずいき）と食べられる部位が違います

唐芋《とうのいも》

ほくほく系　出回り期：10～3月

京野菜として有名で、形と模様から「えびいも」とも呼ぶ。親いも・子いも・葉茎とすべて食べられる

筍芋《たけのこいも》

ほくほく系　出回り期：11～3月

親いもを食べる。台湾から宮崎県に導入されたもので、9割が宮崎産。大きい円筒形で皮むきもラク。煮物や揚げ物にするとほっくりした食感でおいしい

石川早生《いしかわわせ》

ほくほく系　出回り期：7～9月

子いも用の品種で、出回り時期が早い。いもを皮ごと蒸す「きぬかつぎ」が有名で、旧暦8月15日に「芋名月」としてお供えする地域もある

土垂《どだれ》

ねっとり系　出回り期：通年（旬は10～11月）

最も多く出回る里いもの代表品種で、主に子いもを食べる。むっちりとした食感で、煮っころがしやいも煮にするとおいしい

セレベス

ほくほく系　出回り期：10～1月

親いもと子いもの両方を食べる。芽が赤いのが特徴で、「大吉」とも呼ばれる。粉質で肉質がしっかりしているので、おでんや含め煮に入れるとおいしい

八つ頭

ほくほく系　出回り期：11～4月

親いもと子いもが分かれず、塊状になる。煮くずれしにくく、おせち料理の煮物や、雑煮に入れる地域もある。葉茎も食べられる

いもの調理特性を知ろう

さつまいもはなぜ甘くなる?
変色する原因は?
いもの性質がわかってくると
もっと上手に扱えるようになります。

まとめ・編集部

切り口の変色を防ぐには?

じゃがいもやさつまいもを切ると、切り口が黒くなったり、赤くなったりします。これはいもに含まれる酵素が酸素に反応するためです。空気に触れないように水にさらすか、すぐに加熱して酵素の働きをなくすことで変色は防げます。長時間水にさらすと酵素が水に溶け出すので、それ以後は変色しなくなります。

焼きいもがおいしい理由は?

いもにはでんぷんの分解酵素が含まれており、加熱されたでんぷんは酵素に分解されて麦芽糖になります。焼いたり蒸したりしたいもが甘いのはこのためです。酵素が働くのに最適な60℃前後で長く保温することでより甘さが増します。水あめができる原理もこれです。

石焼きいもはその温度を長く保ち、水分も抜けるので甘くなります。電子レンジは短時間でやわらかくなりますが、甘くないのは酵素が働いていないからです。

里いものぬめりって何?

里いもを煮るとぬるぬるして煮汁が泡立ったり、味がしみにくかったりするのは、ガラクタン、ムチンという水溶性の食物繊維のせいです。炊き合わせなど、見た目や食感を大事にするときは、ぬめりはある程度取ったほうがおいしく仕上がります。皮をむいて塩でもんで洗い流すか、下茹でしてザッと水洗いすれば取れます。ただし、ぬめりはおいしさの一部で、食物繊維でもあるので、落としすぎないようにしたいもの。初めから調味料の入った汁で煮る料理では、塩分のおかげでぬめりの出方が抑えられ、吹きこぼれもしにくくなります。

さつまいもの皮の周りは
なぜ色が悪くなる?

ようかんなどを作るとき、皮を薄くむくとできあがりの色が悪くなります。これは、変色の原因となる物質が皮や皮の周りの維管束（皮の内側の黒い繊維層）に含まれているからです。その原因のクロロゲン酸、アントシアニンは抗酸化物質なので、皮ごと食べたほうが体にはいいのです。ただ、お祝いごとで食べるきんとんなどはきれいな色にしたい。その場合は思い切って厚く皮をむき、皮は揚げて食べましょう。

皮つきのさつまいもを使う蒸しパンや天ぷらで、皮の周りが緑色になることがあります。これは生地や衣に重曹を使っている場合で、クロロゲン酸が重曹のアルカリと反応するため。水にさらしてから調理することで変色が防げます。

じゃがいもとさつまいもの
でんぷんの違いは?

でんぷんは水分と加熱することででんぷん粒が膨らみ、糊状になり、粘りやとろみが出ます（糊化）。

「片栗粉」はもともとカタクリの根のでんぷんのこと。現在は希少で高価なものなので、代わりにじゃがいもでんぷんが使われます。性質がよく似ており、代替品としての役割は十分果たしているといえるでしょう。透明感があり、クセがないのでかきたま汁やあんかけなど汁にとろみをつける料理に使われます。

さつまいもでんぷんは、葛のでんぷんと似たような性質で、一般的には「わらびもち粉」として販売されています。じゃがいもでんぷんより固まりやすく歯切れもいいので、50ページのいもんせんの揚げもんのような料理では独特の食感を楽しめます。

絵とき

いもの健康力

—— いもは畑からとれるクスリ

まとめ・編集部

壊れにくいビタミンCが豊富

じゃがいも、さつまいもともに、**風邪の予防**や**疲労の回復**、**肌荒れ**などによいビタミンCを多く含む。一般にビタミンCは熱に弱く壊れやすいものだが、いも類のビタミンCはでんぷんに包まれているおかげで熱を加えても壊れにくい

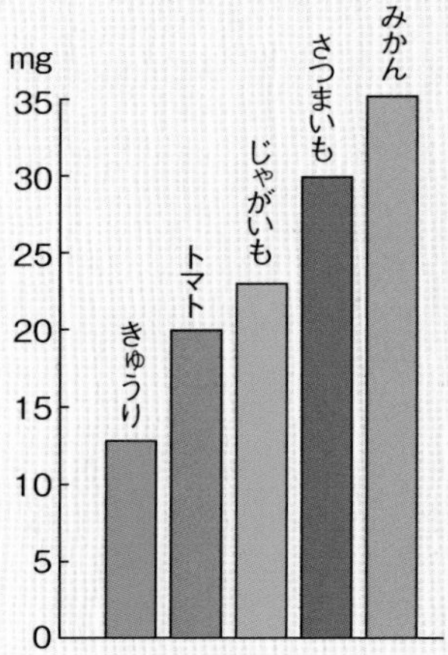
mg
35
30
25
20
15
10
5
0
きゅうり
トマト
じゃがいも
さつまいも
みかん

野菜、くだもの100gの中に含まれているビタミンCの量

生野菜より
さつまいも1本で
お肌つるつるよ

カリウムが多い

高血圧を防いでくれるカリウムがどちらも多い。カリウムには体内の塩分（ナトリウム）を排泄し、血圧を下げる働きがある

味噌汁にじゃがいも
を入れれば、塩分と
りすぎの心配もなし

さつまいもの葉には
ルテインが多い

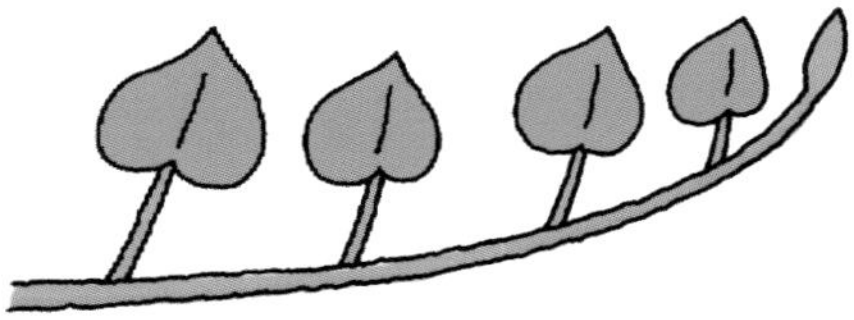

さつまいもの葉には目の病気を防ぐルテインが多く含まれる。年をとってルテインが減ると、**白内障**や**黄斑変性症**の原因となるのだが、さつまいもの葉にはほうれん草の２倍のルテインが含まれることから注目されている。おすすめは葉を食用とする品種の「すいおう」。汁ものよりサラダや炒めものがいい

熱を加えても

食物繊維が多い

じゃがいもとさつまいもとで、その種類は違うが、どちらも食物繊維が多い。便秘を解消し、大腸ガンの予防にもなる

このページは、日本いも類研究会ホームページ（http://www.jrt.gr.jp/）や『そだててあそぼう ジャガイモの絵本／サツマイモの絵本』（農文協刊）などを参考にしました

疲れ目にすりおろしじゃがいも

岩手県岩泉町・井戸端諒一さん

すりおろしたじゃがいもをガーゼにのばして、目にあてるだけ

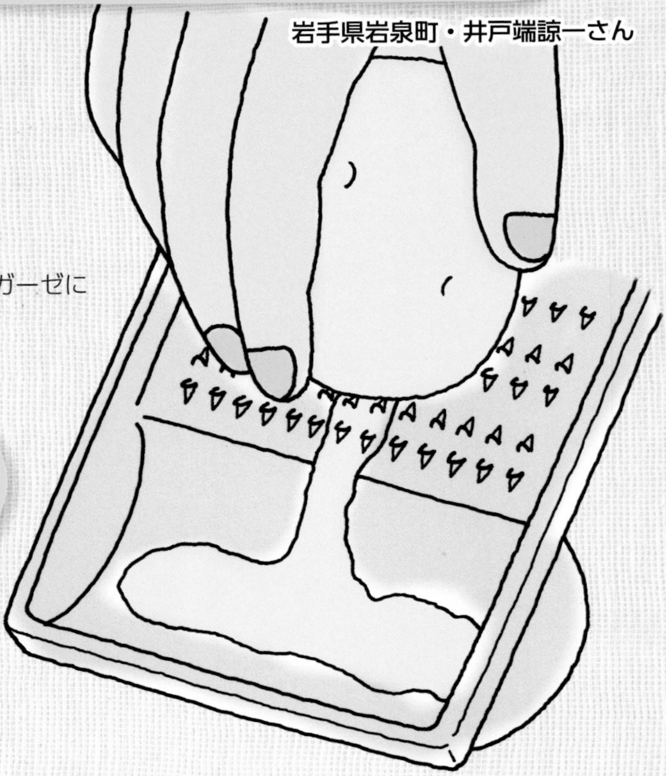

胃潰瘍にじゃがいもジュース

山形県山形市・井上時男さん

すりおろしたじゃがいもをガーゼでこし、朝食の前など、胃に何も入っていない食前に飲むのがポイント

紫さつまいものおかげで老眼鏡なし

熊本県荒尾市・島本久子さん

茹でた紫さつまいもをつぶして丸め、冷凍しておき、パン生地に練り込むなど一年中使う。紫色の色素成分アントシアニンのおかげか、それまで使っていた老眼鏡なしでも新聞が読めるようになってビックリ！

じゃがいも湿布で……

広島県大竹市・藤本雪江さんほか

ひざの痛みに

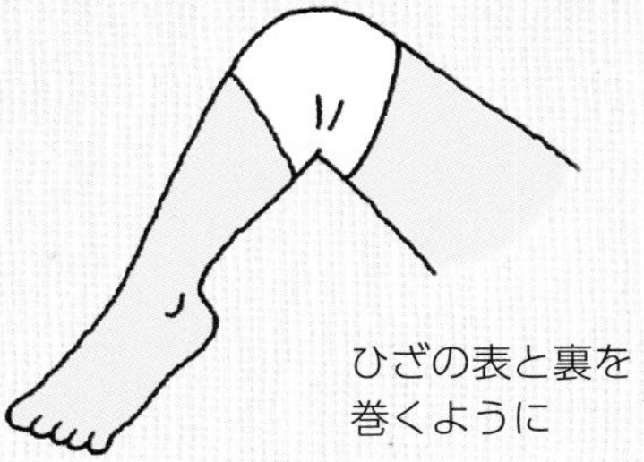
ひざの表と裏を
巻くように

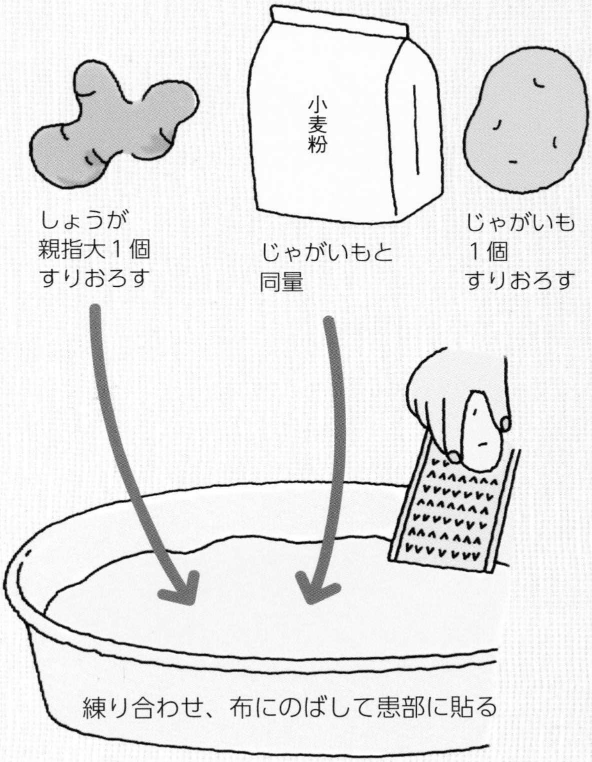
小麦粉
しょうが
親指大１個
すりおろす
じゃがいもと
同量
じゃがいも
１個
すりおろす
練り合わせ、布にのばして患部に貼る

打撲の痛みに

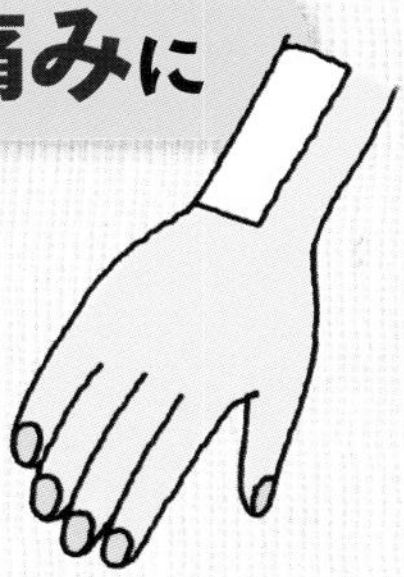

発熱に

北海道深川市・Nさん

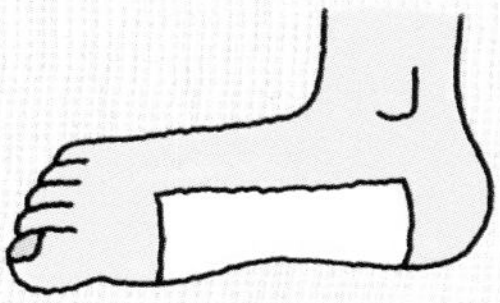

身体全体に熱があるときは、足の裏に貼り、乾いたら取り替えると、みるみる熱が下がってくる。すりおろしたじゃがいもと小麦粉に酢を適量混ぜたものを使う

じゃがいもには患部の熱をとって炎症を抑える作用（消炎作用）があるといわれている。さといもを使ってもいいが、じゃがいものほうが肌がかゆくならない。肌の弱い人にも向く

せきに

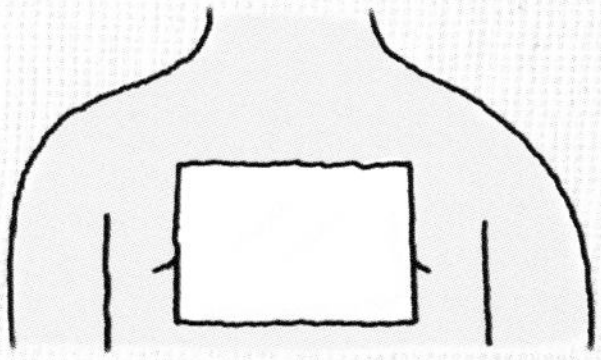

胸だけでもいいが、背中と両方に貼るといい。それまでのせきがピタリと止まる

絵とき

いもは保存するほどうまくなる!?

まとめ・編集部

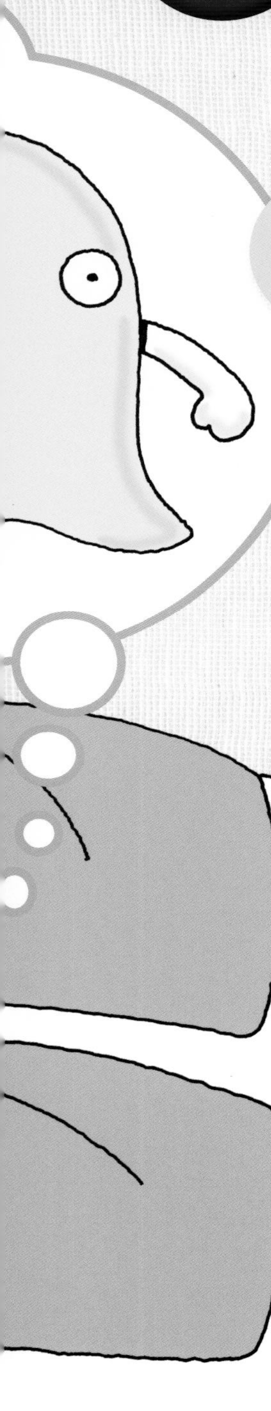

低温越冬じゃがいもは ビックリするほど甘い、うまい

じゃがいもを低温で長期間貯蔵すると、いもの中の糖化酵素（酸性インベルターゼ）が働き、でんぷんが糖に変わり甘くなる。さらに、うまみの成分であるアミノ酸が2倍、3倍になるともいわれている。この性質を利用して最近、北海道を中心に雪室などを利用した「越冬じゃがいも」に取り組む農家や農協が急増している

やり方 ……低温と多湿、遮光がコツ

「温度4℃以下、湿度80～90％で保存」が条件。そのためには、秋に収穫したじゃがいもを、もう一度土の中に埋めるのがよさそう。乾燥させるといもの水分が抜けてしまう。大きな冷蔵庫を持っていれば、黒いビニールか新聞紙、段ボールなどで遮光して入れておくというやり方もある。光を当てていもを緑化させるとエグ味が出てしまう。途中で芽が出てしまうのを防ぐには、りんごといっしょに袋に入れる。4℃以下の温度を保つことができれば発芽は長期に抑えられるとのこと。今年はぜひ挑戦してみよう

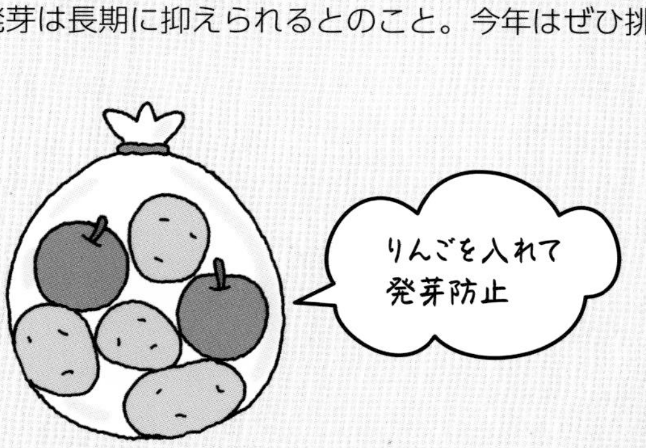

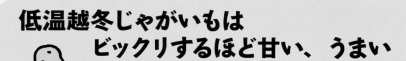

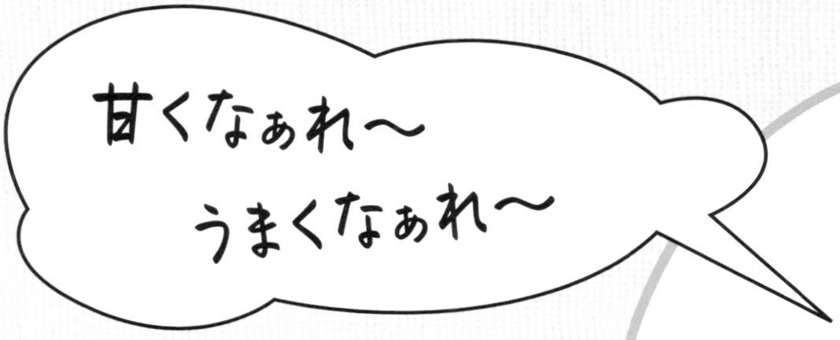
甘くなぁれ～
うまくなぁれ～

糖化酵素

貯蔵したさつまいもは ねっとり甘くておいしい

さつまいもも貯蔵すると糖化酵素（β-アミラーゼ）の働きででんぷんの糖化が進む。焼きいもも、とれたてでなく、1カ月くらいたってから焼いたほうが甘くなるというわけだ。ただしでんぷんが減るのでほくほく感はなくなる。長く貯蔵したさつまいもはねっとり系のおいしさなのだ

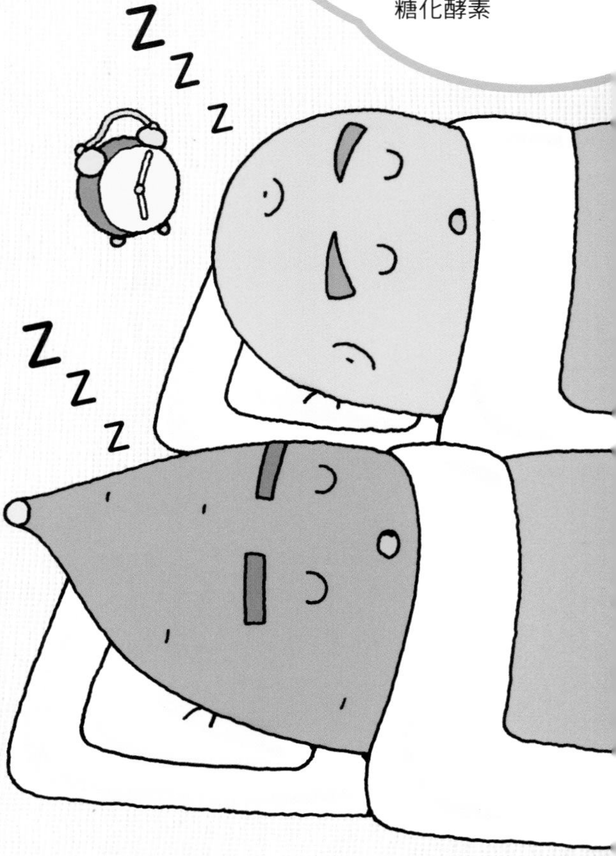

やり方 ……低温多湿がコツ

保存の目安は「温度13～15℃、湿度95％」。手軽にやるには土の中がいちばん。深さ1m以上の穴を掘って、モミガラといっしょに入れておく。8℃以下になると寒害を受けて腐りやすくなる。失敗の大半は水が入って冷えること。水が入らないようにポリのトンネルをかけておくといい

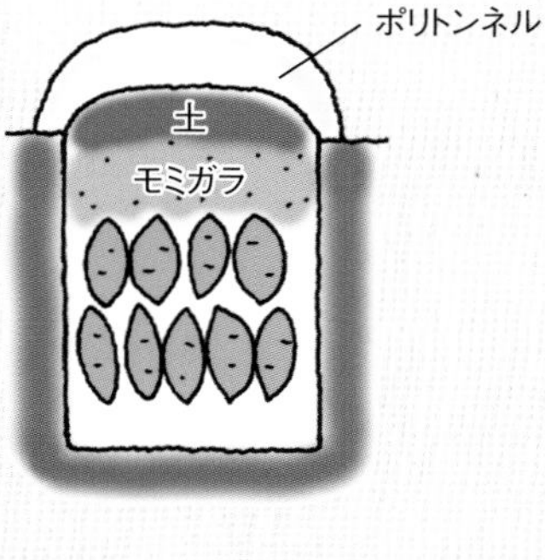
ポリトンネル
土
モミガラ

※参考『野菜園芸大百科第2版　品質鮮度保持』（農文協刊）

いもを長持ちさせる貯蔵のコツ

いもは寒さに弱いもの、 強いものがあります。
いもに合った環境で上手に貯蔵すれば数カ月おいしく食べられます。
貯蔵のポイントとやり方の例をまとめました。

まとめ・編集部

いもごとの保存に適した温度

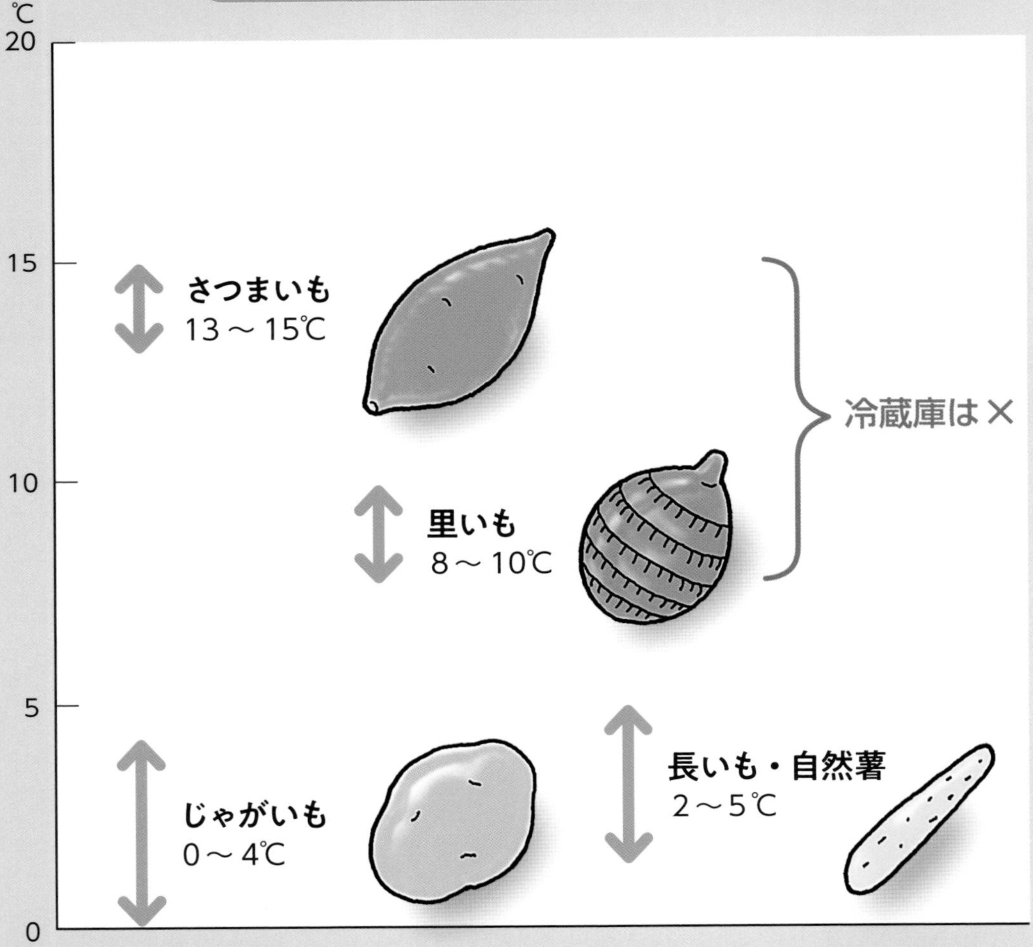

℃
20
15
10
5
0
さつまいも
13〜15℃
里いも
8〜10℃
冷蔵庫は×
じゃがいも
0〜4℃
長いも・自然薯
2〜5℃

これなら春まで貯蔵できる

さつまいも

冷蔵庫×

温度　13～15℃
湿度　95%

暑さにも寒さにも注意！

さつまいもは、18℃以上になると芽が出てしまう。また、10℃以下だと低温障害を起こし、腐る原因となる。発泡スチロールの箱の中に新聞紙で包んだいもを並べて、冷蔵庫の上に載せておく方法がおすすめ（蓋は開けておく）。

りんごは、春まで長持ちする晩生品種・ふじがおすすめ

これなら
新じゃがの出る季節まで
食べられるね！

じゃがいも

冷蔵庫OK

温度　4℃以下
湿度　80～90%

緑色の皮と芽は食べないで！

日光や蛍光灯の光に当たると、いもが緑色になってしまいソラニンという毒素が作られる。そのため、黒いビニールか新聞紙、段ボールなどで遮光して、大きな冷蔵庫の中で保存する。芽でもソラニンが作られるので、出た場合は必ず取り除く。芽が出るのを防ぐには、りんごといっしょに穴あきポリ袋に入れる。

里いも

冷蔵庫×

温度　8～10℃
湿度　80～90％

**煮物にするなら
冷凍で！**

モミガラと一緒に発泡スチロールの箱に入れて貯蔵すると長持ちする。皮をむいてそのまま冷凍しておく方法もある。煮物にするときに、凍ったままだしに入れて煮るだけなので、下茹でなどの手間も省くことができて便利。

発泡スチロール箱＋モミガラ保存法

❶大きめの発泡スチロールの箱にモミガラと里いもを入れる

❷バスタオルなどをちょうどいい大きさに折り、モミガラといもの上に敷く

❸割り箸で空気の抜け道を作って蓋をする。廊下など、屋内の暖かい場所に置く

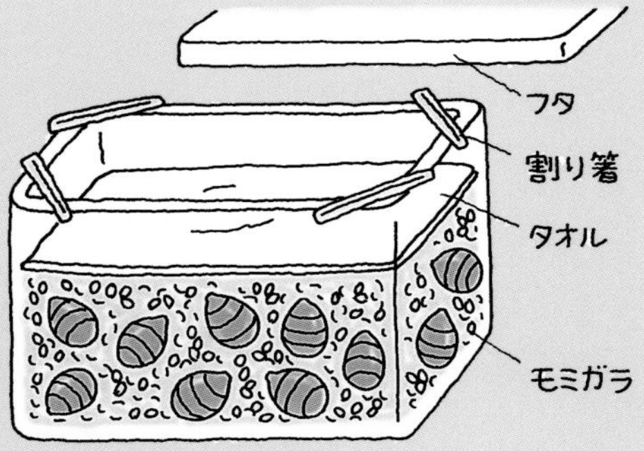
フタ
割り箸
タオル
モミガラ

水気は腐りの元なので、貯蔵する前にいもを乾かしておく

長いも・山いも

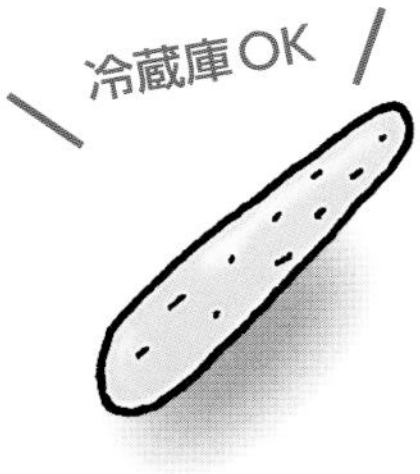
冷蔵庫OK

温度　2～5℃
湿度　70～90％

**湿度を保ったまま
冷やす！**

水を含ませたおがくずに入れて冷蔵庫で保存する。かるかん（107ページ）などのお菓子の素材にするなら、とろろにしたあとに砂糖を加えて冷凍してもよい。

第1章

至福の干しいも・焼きいもを作る

干しいもを作る

粉をふかせた干しいもと、半生の干しいも。品種はともに「タマオトメ」
（写真・田中康弘）

究極の干しいもとは？

- きれいな黄色、橙色に白い粉がふいている
- 肉厚なのでねっとりしとした歯ごたえ、それでいてふっくらとやわらかい
- 曲げると弓なりにしなる適度な弾力
- とても甘い、だけど自然な甘さ

究極の干しいも作り、教えます

徳島●塩田富子

肉厚で白い粉、甘くてねっとり

15年前、知人から白く粉のふいたおいしい干しいもをいただいたのですが、それは私にとってすっかり忘れていた遠い昔の懐かしい味でした。その味を自分でも作ってみようと思ったのが、私の干しいも作りのはじまりです。

今ではその干しいもも直売所の人気商品のひとつです。私の作る干しいもは、橙色や黄色の肉厚な身に白い粉がふいており、味も甘くねっとりと食べごたえがあります。昔を懐かしむお客様にはたいへん喜んでもらえます。

「究極の干しいも」作りのコツ

私が特に気をつけていることは、

- いもを炊く前には必ず1週間分の天気を確認する。カビ発生の原因になるので、節分過ぎの雨には要注意。だが、雪の日はどういうわけか乾きがよく、しあがりもきれい。明日雪が降るとわかったら、その日どんなに遅くなっても急いでいもを炊く。
- いもの皮をむくときは熱いうちにざっくりと。冷めたらざっくりむけないし、薄皮だけむいたのでは色がきれいにならない。
- いもを切るときは少し厚めに。ねっとりふっくらと食べごたえが出る。

その他、美しくしあげるためにハサミでいもの端のデコボコを切り落としたり、埃を落とすために干しいもを1枚1枚ハケではいたり……、これらの作業は決して味には表われませんが、私のこだわりなのです。この干しいもへの思い入れは、お客様に対して安全、安心をお届けする意味でとても大切なことだと思います。

（徳島県阿波市）

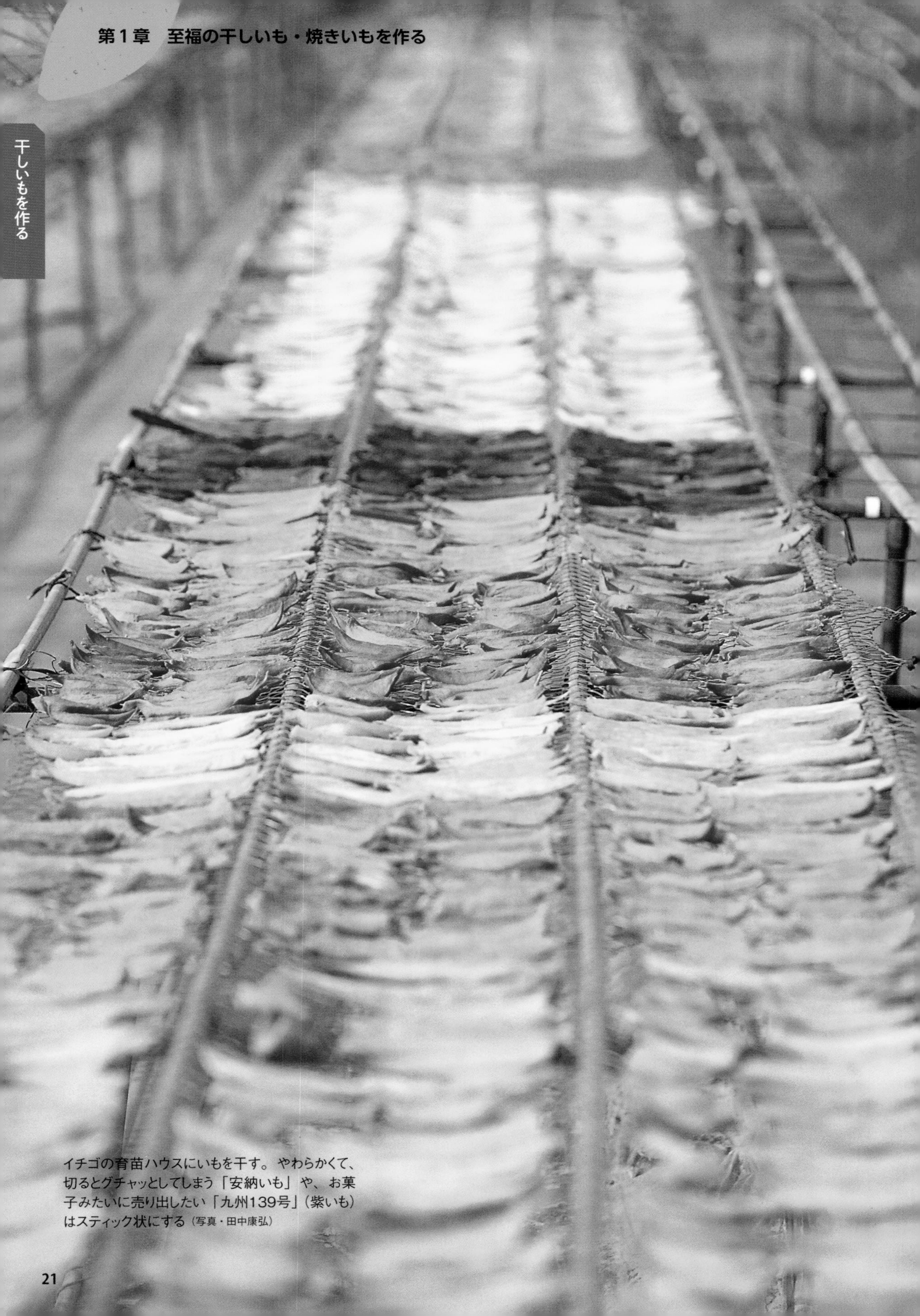

イチゴの育苗ハウスにいもを干す。やわらかくて、切るとグチャッとしてしまう「安納いも」や、お菓子みたいに売り出したい「九州139号」（紫いも）はスティック状にする（写真・田中康弘）

究極の干しいも作りを伝授

1

いもの両端を切り落としながら、黒斑病などの病気をチェックし、選別する。皮と中身の間に水がしみこみ、のちのち皮がむきやすくなる

2

大鍋にたっぷりの水を入れて炊く。お湯が少なくなってきたら注ぎ足す。お湯が少ないと均等に火が通らず、皮もむきにくくなる

薄皮だけでなく、ざっくり開くようにしてむく

3

金串が通るぐらい煮えたら、熱いうちにいもを水に取り込み、すぐに皮をむく

4

いもが冷えたらピンと張ったテグスで1～1.5㎝と厚めに切る。包丁で切ると、手でいもを押さえる必要があり、つぶれてしまうことも

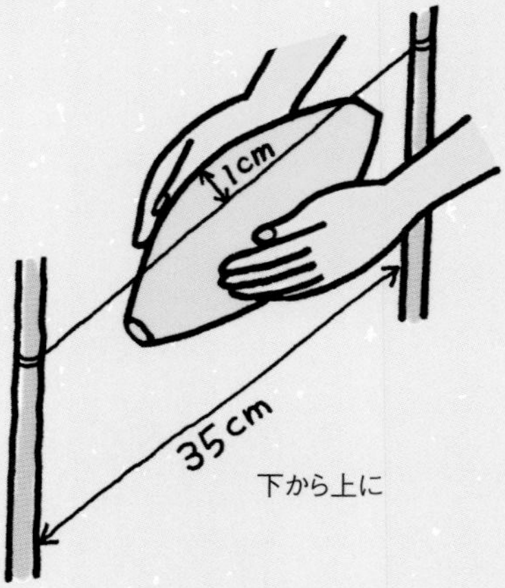

下から上に

5

きれいに並べて干す。屋根つきの場所で干しているので、夜もそのまま

6

3日目くらいに裏返す。ざっくり皮をむいたせいでデコボコになった縁をカット、整形。このタイミングでカットするのは切り口も乾燥させるため

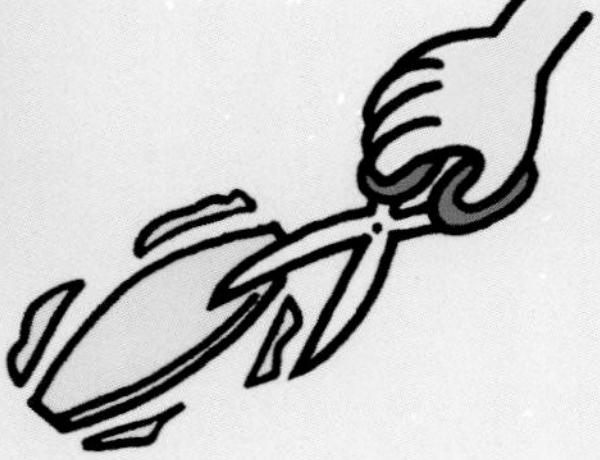

塩田さんが試作して見つけた「究極の干しいも作り」に向く品種と難しかった品種

究極の干しいも作りに向く品種	向いている理由
べにまさり	干すときれいに白い粉をふいて芸術的
安納いも	ようかんのようにね〜っとりとしてて絶大的な人気を誇る
九州 139 号	生いもの色が淡いので干したらちょうどいい紫色に

究極の干しいも作りが難しかった品種	難しかった理由
ハマコマチ	翌春４月まで干してもなかなか粉をふかない
ベニキララ	味は良いが、火を通すとベチャッとして切り口が汚くなる
パープルスイートロード	元から色が濃いので干すと黒くなってしまう

塩田富子さん。2反弱で作るさつまいもをすべて干しいもにまわす。執筆当時は「タマオトメ」「べにまさり」「安納いも」「九州139号」の4品種を「究極の干しいも」に
（写真・田中康弘）

7

１週間くらい干す。予冷庫で保存しているうちにベチャッとなるので、１日余分に干す感覚で。薄くて早く乾いたものは先に取り込み、厚いものはそのまま干し続ける。一緒にしないのもこだわり

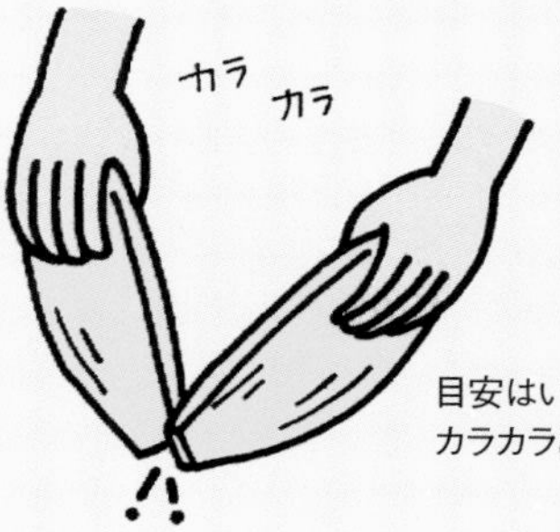
カラ
カラ

目安はいもどうしをぶつけて
カラカラとなるぐらい

8

干し上がったら、空気の乾燥した午前11時～午後２時の間に取り込む

11:00〜14:00

1枚ずつ
埃を落とす

9

ビニール袋に入れてコンテナに詰め、予冷庫で保存。４～６℃で４～６カ月。保存期間中、１カ月に一度カビなどのチェックを必ず。２カ月くらいで白い粉がふいてきて、「究極の干しいも」の完成

○月×日 炊く
1週間乾燥
△月□日取り込む
硬め

メモ書きをコンテナごとに貼る

基本の干しいもの作り方

さつまいもは蒸すことで酵素がでんぷんに作用して麦芽糖ができ、干して水分を蒸発させると甘さが増し、干しいもになります。
その土地の気候風土を生かした保存食です。

材料
さつまいも
さつまいもは貯蔵することででんぷんの一部が糖に変わって甘さが増すので、収穫直後ではなく気温が低く乾燥してくる12～2月に作ったほうがよい

道具
蒸し器、ナイフ、絹糸（ピアノ線、釣り糸など）、ザル

干したさつまいも いろいろ

三重県のきんこ
志摩で作られている隼人（はやと）いもという橙色が鮮やかないもで作る。いもは蒸さずに大釜で煮る。干しなまこ（きんこ）に似ているので、こう呼ばれる。

群馬県の乾燥いも
作り方は25ページと同じで、蒸したいもを切って乾燥させたもの。昔は、養蚕で使う蚕ザルなどに並べて1カ月ほど干したそう。

東京都のほしい
伊豆諸島・新島で作られている。島のアメリカいもを使う。蒸したいもを機械でそぼろ状にして乾燥させたもの。蒸したもち米と合わせて、いももちなどにする。

鹿児島県のこっぱ
皮をむいて輪切りにして茹でて干したもの。このままでは食べず、水で戻して砂糖や小豆を加えて煮て団子にしたりする。茹でずに生のまま干す場合もある。

（協力・（一社）日本調理科学会、ひたちなか市食生活改善推進員連絡協議会（茨城県）、高橋豊久、原田勇（群馬県）、松本朋江（三重県）、梅田喜久江（東京都）、立石愛子（鹿児島県）、写真・五十嵐公（干しいも）、高木あつ子（乾燥いも）、長野陽一（きんこ、ほしい、こっぱ））

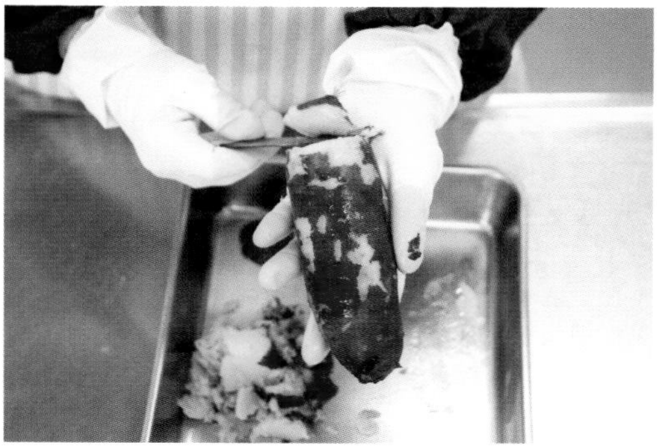

1 さつまいもは皮つきのままやわらかくなるまで蒸し、熱いうちに皮をむく。まず小さめのナイフで端を切り落とす

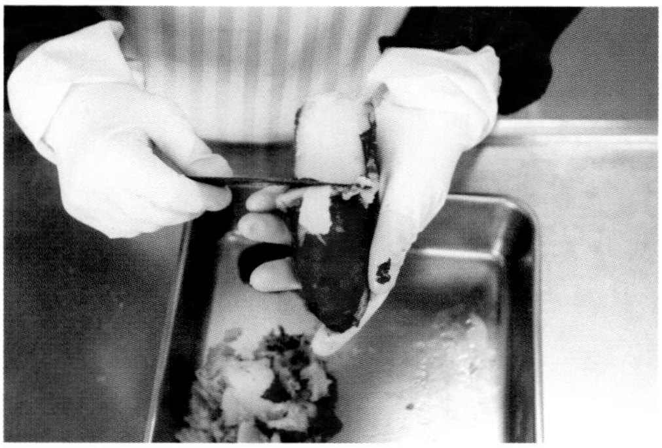

2 ナイフで手前から奥にそぐようにして、皮を厚めにむく

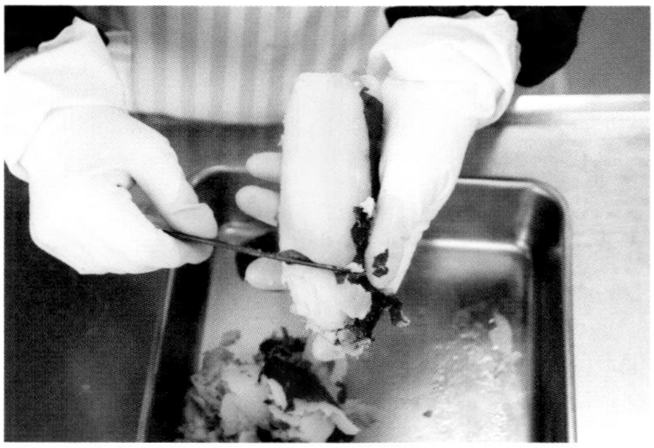

3 全体の皮を同様にしてむく。アクの強い端の部分や筋っぽいところはすべてとり除く。残すと干したときに変色する

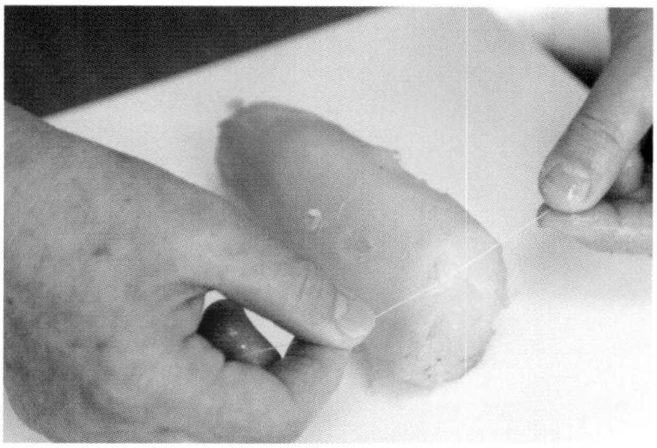

4 端の切り口に絹糸をあてる。厚さは1㎝ほど

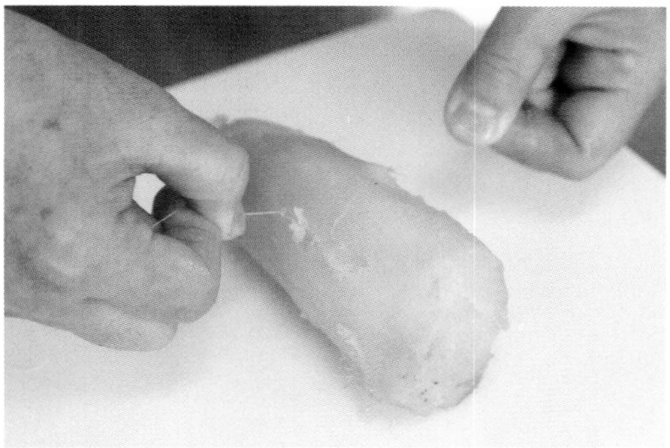

5 手前に引っ張って切る。同様に数枚に切る。枚数はいもの大きさによる

6 バラバラになるように1枚ずつはなし、ザルなどに重ならないように並べて風通しのよい日なたで1週間ほど干す

（写真・五十嵐公）

外はパリッ 中はしっとり
オーブンで作る干しいものような焼きいも

愛媛●野田文子

アグリいもっこ

干しいも作りは手間がネック

町内の農家の母ちゃん20人ほどが集まり、2001年に発足したのが、加工グループ「内子アグリベンチャー21」です。さまざまな農産加工に取り組み、道の駅にある直売所で販売したり、農家レストランを運営したりしています。

グループには菓子部、製麺部、惣菜部、素材部の4部門があります。私は素材部で、直売所に出荷されるさまざまな素材を使った加工品開発に取り組んできました。さつまいもの加工品は、最初に天日干しでの干しいも作りに挑戦しました。ただ、干している間の虫よけやイタズラをする猫よけの手間がたいへんで、他の加工作業と一緒に取り組むには向いていませんでした。

アグリいもっこを作る筆者。使うさつまいもの品種はさまざま

オーブンを使って短時間で作れる

そこで考えたのが茹でたいもを焼きいもにする「アグリいもっこ」です。作り方は次ページのとおり。外はパリッとしながら中はしっとり、干しいものような焼きいもになります。

普通の焼きいもは熱々でないとお客さんには喜ばれず、冷めると売れなくなってしまいますが、アグリいも

アグリいもっこの作り方

1　大鍋いっぱい（約10kg）のさつまいもを用意する。これが一度に作る量

2　いもをよく洗って皮をむいたら、水をためた桶に入れていく。水に浸けておくことでアクが抜ける

3　皮をむき終わったら鍋に移し、いもが隠れるくらいまで水を入れる

4　白砂糖1kgと塩少々を加えて火にかける。沸騰したら弱火にする

5　串がスッとささる程度までいもがやわらかく煮えたら、火を止めて、一晩そのまま置いて冷ます

6　いもを鍋から取り出し、幅1～1.5㎝、長さ5～6㎝、厚さ1～2㎝程度に切る

7　切ったいもをクッキングシートを敷いた鉄板の上に並べ、160℃に温めておいたオーブンで1時間5分かけて焼き、軽く焦げめがついたら完成

8　扇風機で冷やして粗熱をとってから、ポリ袋に詰めて販売する。一度に25～28袋作れる

っこは冷めてもおいしく食べられるので、販売しやすい。また、オーブンで短時間焼き上げるだけなので、他の加工作業と並行して作れます。値段は1袋（200g）税込300円。これが女性や子ども、お年寄りまで幅広い世代に喜ばれるヒット商品となりました。

時給もアップ、やる気もアップ

今では、地域の農家にアグリいもっこ用にさつまいもを1tほど栽培してもらい、全量買い上げています。また、直売所で売れ残りがちな大きすぎるいもも、1kg120円で買い取って材料にしています。毎年9月頃から作り始め、年内に使う分のいもは倉庫で保管しますが、それ以外は悪くならないようにモミガラに埋めて保管します。

以前は売り上げ不足で苦しんでいた素材部でしたが、アグリいもっこのおかげで採算が見込めるようになり、スタッフの時給も100円アップ。少しでしたが昨年はボーナスも払うことができました。毎日の売り上げ報告を聞くのも楽しくなり、農産加工へのやる気がますますわいています。

（愛媛県内子町）

これは絶品！「焼き芋の干しいも」

栃木●元澤鋭州

べにはるかの焼きいもを丸ごと天日で干す。下に敷いた黒い網は干しいもがくっつきにくい専用の網

焼きいもを丸干し

僕は有機農業の先駆者、埼玉県の金子美登さんに憧れ、２００１年に就農しました。当初は野菜のセット販売をしていました。その頃から、ちょっとした加工品を添えており、その一つに干しいもがありました。

２０１０年にべにはるかの栽培を始め、焼きいもにしたら非常にしっとりとしておいしかったので、これを干したらどうなるんだろうと考えました。「焼き芋の干しいも」と名付けて販売してみると、お客さんからは、焼くことでいもの甘みが感じられて、香ばしさもある、しっとりと食感がいい、と好評でした。珍しいので人に贈ると喜ばれるという声もありました。

では、実際の作り方を紹介します。

「焼き芋の干しいも」の作り方

▼13℃で貯蔵

収穫は９月から11月まで行ないます。温度調整ができる貯蔵庫があり、13℃で貯蔵して糖化を進めます。

元澤鋭州さん（58歳、左端）と奥さん（中央）、従業員の皆さん。べにはるか4.3haを有機で栽培。繁忙期はパートも雇用し、すべて干しいもに加工する（編）

▼低温でじっくり焼く

収穫作業と並行して10月頃から焼きいも作りを開始します。まず、焼きいもをおいしく作ることがとても重要です。低温でいもを焦がさずじっくり火を通すのが理想で、そのためには機械選びがポイントになります。

いもを焼くオーブンはガス式、電気式、水蒸気と温風で加熱するスチームコンベクションオーブンなどさまざま市販されています。中には蒸しいものようになるオーブンもあるので、僕は

実際に焼いて干したものを食べ比べて、最終的に電気式に決めました。

電気式は、熱源と中に入れたいもの距離が重要になります。熱源が近いとほくほく感が出るが焦げやすい。離れていると仕上がりがしっとりして焦げの心配も少なくなります。

また、焼いている間にいもの状態を確認できるものがおすすめです。僕は２S～Mサイズを90～１２０分かけて焼きます。焼き上がり時間はいもの太さや置く位置で変わります。ときどき１本１本取り出して、熱の入り具合を確認しながら焼き上げます。

いもを入れる棚が2段タイプ5台の焼き芋オーブン（群商製）でいもを焼く。写真は2段タイプ。いもが熱源から離れるため、しっとり焼き上がり、干しいもにした時もおいしく仕上がる（編）

▼冷凍で皮をむきやすく

焼き上がったいもは耐熱コンテナに並べて冷まし、常温になったらそのまま業務用冷凍庫で冷凍します。

このいったん冷凍することが一番のポイントです。まず、いもがさらにしっとりとした質感にかわります。さらに、干しいもにする前に、皮をむく必要がありますが、冷凍することで皮がむきやすくなります。冷凍庫から取り出したら自然解凍し、手でむいていきます。蒸して作る場合より薄くむけ、歩留まりもよくなります。

皮をむいたらハウスの中で２週間、天日干しして完成です。いもが悪くならないよう、乾燥し気温が低い12～２月に干しいも作りを行なっています。切り干しにすると早く干し上がりますが、仕上がりがかたくなるので、丸ごと干すのがよいと感じています。（談）

「焼き芋の干しいも」は有機JASも取得し、160g入り税込972円と高単価で販売。この他に昔ながらの蒸して作る干しいも（税込540円）もあり、両方あわせて年間5万～6万袋を売り上げる

釜で煮てからスライスして天日干しにしている「べにはるか」

いもは熟成してから干す
品種ごとの熟成期間

静岡●金森行博

干しても黒ずまない品種を求めて

干しいもにする品種を選ぶ際に大事なのは、黒ずみが出ずにきれいな色で仕上がること、熟成してしっかり甘みが出てくることです。こういった品種を求めて、これまで30種類以上を試し、現在は10種類を栽培。毎年絶えず新品種も導入しています。

熟成期間は品種によって違う

こうして選んだ品種をやわらかく仕上げるポイントは、さつまいもをよく熟成させてから干すことです。そうすることで、お年寄りでも食べられるやわらかさになります。熟成が短すぎるとかたくなり、長すぎるとベチョベチョになって固まらなくなります。熟成期間は品種によって異なるので、それを見極めることが品種のよさを最大限に生かす方法です。

熟成はコンテナに入れて、無加温ハウスの中で行ないます。ハウス内で日光に当てることで、水分が抜けて熟成していきます。触ってみてしなやかになったものから順に干しいもに加工します。

どの品種も寒さに弱いので、熟成中は保温対策が必要。わが家ではコンテナの周りを段ボールで囲い、夜間は毛布や布団で覆います。モミガラで覆って保管すれば、3月まで保存可能です。

甘く色よく仕上げるコツ

現在わが家で栽培している品種の50%は「べにはるか」、30%は「ハヤト」ですが、以下はそれぞれの品種特性や熟成期間についての説明です。

▼ともかく甘い「べにはるか」

べにはるかは甘みが強く収量が多いうえ、寒さに強く長期保存に適しています。肥大化による割れが発生しやすいのが欠点ですが、黄白色でつやのあるしっとりした干しいもに仕上がります。熟成期間は1～2カ月。干しいも加工時には皮を厚くむかないと干しているうちに黒みがかった色に変色してしまいます。

▼黄橙色が鮮やかな「ハヤト」

甘みが強く熟成が2週間と短いので保管が容易な品種です。ラグビーボールのような形で収量も多く、早期から加工できます。ただ、熟成しすぎると加工の際に形が崩れてしまったり、黒ずみが出てしまうことがあります。また、水分量が多いためか干すと小さくなるので、歩留まりがよくありません。干しいもはとてもきれいな黄橙色になりますので店頭販売にも向いている品種です。

▼甘みのある紫いも「魚豚《うおぶた》紫《むらさき》1号」

熟成すると従来の紫いもとは違い、甘さが増してきます。ただし熟成期間は3カ月以上。干しいもにすると濃い紫色に仕上がります。珍しさもあり人気の品種です。

▼滑らかな「シルクスイート」

形状が丸みを帯びていて、収量もある程度あります。しかし、やわらかい干しいもにするのには3カ月以上の熟成が必要。きれいな黄色で滑らかな干しいもに仕上がります。甘みもありシルクのようなきめ細かさが特徴です。

▼橙色が人気の「ベニキララ」

表面は薄い黄色ですが、中身は鮮やかな橙色に仕上がります。独特の色が人気です。カロテンが多くにんじんのような匂いがするので、苦手な人もいます。熟成には3カ月以上の期間が必要。熟成すると甘みも強くなります。

歩留まりは悪いがきれいな黄橙色に仕上がる

濃い紫色に仕上がり、珍しくて人気

蒸かさないで煮る

富士宮の干しいも作りは蒸かすのではなく、昔から釜で煮る方法です。やわらかな干しいもに仕上げるのにはいい方法だと考えています。熟成させたさつまいもを大きな釜に入れて2～3時間煮てから皮をむき、約1㎝の厚さにスライスして天日干し。直射日光に当てることで色合いや甘みが増します。ただし、あまり薄く切ると甘みが少なくなるので、厚さには注意しています。

特に注意が必要なのはカビ対策。天候不順が続くとさつまいもにカビが発生し、商品にならなくなってしまいます。わが家では、使用する網や容器などはその都度洗浄し、市販の食品添加物エタノール製剤を噴霧します。それでも悪天候などでカビの発生が予想される場合は、乾燥機を使います。

干しいもは富士宮のお土産や贈答品として送る人が多く、毎年12月は加工が追いつかないほど売れています。

今後はスティック状で食べやすい干しいも開発も進めていこうと考えています。

（静岡県富士宮市）

焼きいもを作る

やかんと石で作る

●編集部

やかんでカンタンに本格的な石焼きいもが作れる！
やかんは、古くなったり、穴が開いたりして使わなくなったものがおすすめ。
火にかけて、20～30分で中までふっくら焼き上がる。

＼河原の小石がベスト／

直径2～4㎝ほどの小石をやかんの底に敷きつめる。
洗ったいもを小石の上にのせ、弱火にかけたらあとは待つだけ。

いろいろないもを焼いてみた

①五郎島金時………	石川県五郎島産。通気性、保水性に富む砂地で栽培
②なると金時………	徳島県鳴門市産。中が黄金色で糖度が高い
③、④安納いも……	鹿児島の種子島産。高糖度でクリームのような食感
⑤ベニアズマ………	千葉県産。関東を中心に広く出回っている。ほくほくした食感
⑥クイックスイート…	東京産。短時間の加熱で糖度が上がるという新品種

25分後、白かったいもの切り口がだいぶ黄色くなった

いものいいにおいと湯気がほんわか。
串でさわってみると、少しかたい感じも……。
石の余熱を利用して焼くことに。

発泡スチロール箱で保温、余熱で焼き上げる

石の熱を逃さないよう、新聞紙をつめた発泡スチロール箱の中に鍋敷をおいて、やかんごと入れる。箱がなければ、新聞紙でやかんをくるんでガムテープで止めてもOK（軍手を忘れずに）。保温状態にして、石の余熱を利用して焼き上げる。これなら長く火にかける必要もない。

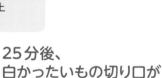

10分後、串がいもにすっと通るように。

＼食べ比べてみた／

①五郎島金時…… ほくほく。じわじわ甘さが広がる
②なると金時 …… ほくほく。栗に似た甘さ!?
③、④安納いも … ねっとり。甘さも濃厚
⑤ベニアズマ …… ほくほく。これぞ焼きいも！
⑥クイックスイート… しっとり。ほんのり甘い

やかんの中の底を見てみると……

うっすら茶色くなったところもあるが、焦げ目はついていない。熱が冷めてから洗うと、この茶色も落ちた。小石はかなり熱くなっているので、取り出すときは完全に冷めてから。

鉄工所のおやじさんに聞いてみた

アルミ、ステンレス、アルマイト　どのやかんを使っても大丈夫？

「アルミは熱を受けるとよく膨張して、冷めて収縮するときに亀裂が入りやすい（焼き終わってすぐに水を入れると確実に裂ける）。使わなくなったやかんがおすすめ。黄金色のやかん（アルマイト）も、アルミが腐食しないよう表面を酸化させたものなので、基本的にはアルミと同じですね。熱に強いのはステンレス。ステンレスにもいろいろあるけど、18-8ステンレス（18％のクロムに加え、８％のニッケルが含まれるもの）のsus304はボイラーの内側にも使われ、耐熱性が高いので、問題なく使えると思います。やかんがないときは、フライパンを使うという手もありますよ」

たき火で作る

●編集部

垣根の垣根の曲がり角～　たき火だたき火だ落ち葉たき～♪
寒い季節、火の温もりにあたりながら、ついでにあったかい焼きいもなんか食べたら、それだけで身体も心も満ち足りてしまう。あー、たき火がしたい！
ということで、ここではたき火のコツと、灰を使った極上蒸し焼き料理をご紹介します！

（協力・関根秀樹 木更津社会館保育園、写真・岡本央）

失敗しない並べ方（並列型）

乾燥した杉の葉や枯れ葉をしっかり置いたあと、細い小枝から太い枝へ、順番にたき木をのせていく

ポイントは小枝を風の向きと並行にすき間なく並べること。火のつきがよく、火もちもよい並べ方だ

たきつけのいろいろ。左からワラ、雑草、杉の葉、ススキ、マテバシイの葉

しっかり火がついたところで、太い枝をくべていく

勢いよく燃やす方法（合掌型）

おき火ができたら、円錐状に組んでみよう。下から空気が通るので、火柱が高く上がる。見栄えよく、最も一般的なたき火法だが、意外に火つきは悪く火もちも悪い

食材を灰に埋めてみた

合掌型に薪をくべてじゃんじゃん燃やし、灰がたくさんできたら、いもやりんごを埋めてみよう。灰をしっかりかぶせて、そのまま30分以上待つと……

灰にまみれた焼きいも、焼きかぼちゃ、焼きりんご。りんごの品種は酸味の強い紅玉がベスト。蒸し焼きすると酸味と甘みのバランスがよく、香りもよい

焼きいもをおいしく焼くコツ

東京都八丈町立富士中学校●吉田 功

❶準備をする

さつまいも……（掘ってすぐのいもは水分が多く、甘みも少ないので、１～２カ月保存しておいたものを使うとよい）
枯れ草・落ち葉……（よく乾燥させておく）
木っ端……（技術科の授業で出たものを使いました）
新聞紙……（着火材として使用）
アルミホイル……（いもを包むのに使用）
軍手……（やけど防止用）
マッチまたはライター……（着火用）

❷火種を作る

枯れ葉や落ち葉だけではよく燃えないので、火種となる炭を木っ端などを燃やして作ります。燃やす物の中にビニール系のものが混ざっていると有害なガスが出て危険です。

空気が通りやすいように木を組む
新聞紙はぐしゃぐしゃに
着火

❸灰を作る

いもを焼くための灰を作ります。

火種に枯れ草や落ち葉をくべて、どんどん燃やしていきます。この間に、いもをアルミホイルで包み、いつでも火の中に入れられるよう準備しておきます。

❹いもを灰の中に入れる

いも全体が包み込まれるように入れる。

イモ

燃えさかっている炎の中や強い炭火の中に入れると、焦げたり、じっくり焼けなかったりします

❺食べる

いもの大きさにもよりますが、30 ～ 40 分前後焼きます。〔授業では時間短縮のため、細長く小さめのいも（コーヒー缶〈200㎖〉ぐらいの大きさのもの）を使用しました。〕

焼きいもの独特の香りがして、つまんでみて指が食い込むような感触があれば OK。

さあ、おいしく食べましょう

グッ

くれぐれも、やけどに注意しよう！

ドラム缶で作る

茨城●大洗町立大貫小学校「おふじやま教室」

（写真・矢島江里）

“つぼ焼きいも”は石焼きいもが流行する前に、広く普及していた焼きいも。大きなつぼの中に針金などでいもをつるし、下から炭火などで蒸し焼きにする。茨城・大洗町立大貫小学校で放課後教室を開いている「おふじやま教室」では、この“つぼ焼き”を自作ドラム缶を使って再現。町の産業祭と小学校の秋祭りの恒例行事として行なっている。

大貫小の秋祭りで。一時は中止されていた野外での焼きいもを3年前にこの方法で復活させた（写真提供・大貫小学校）

いもをつるしたら焼きはじめ！

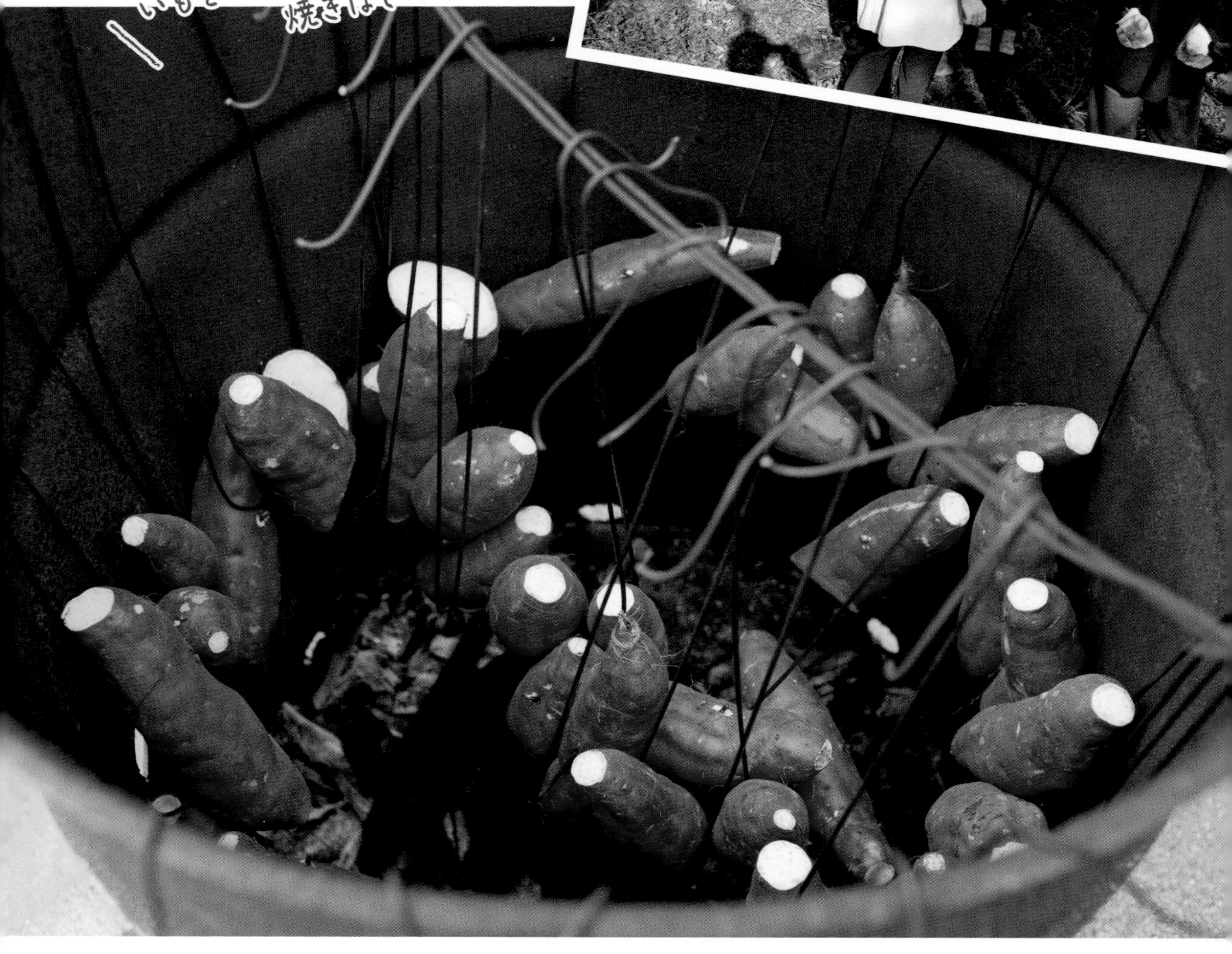

❶ドラム缶の蓋を取り外して、本体に空気穴を開ける

鉄筋をついで
取っ手に
空気穴

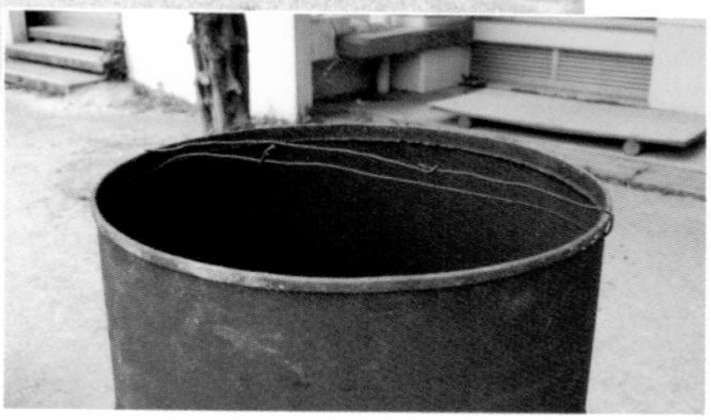

本体のふちのすぐ下のところに穴を開け、いもをつるすための番線を通す。ドラム缶のふちだけでなく、中央のスペースも活用するため

ガソリンスタンドで譲ってもらったドラム缶（200ℓ）を利用。ホームセンターでも購入できる。ただし「ガソリンスタンドで手に入るもののほうが丈夫だと思います。８年くらいは使い続けられます」と“ドラム缶つぼ焼き”のリーダー・松山隆敏さん。本体の真ん中から下部に、直径３～４㎝ほどの空気穴を15～18カ所開ける。蓋は開閉するため取り外し、持ち上げられるよう、鉄筋で取っ手をつけた。地面が熱くなるのを防止するため、ブロックの上にドラム缶を設置。

※ドラム缶の加工及び洗浄作業は鉄工所にお願いしても引き受けてくれる

❷いもをつるす針金は足場用番線が使える！

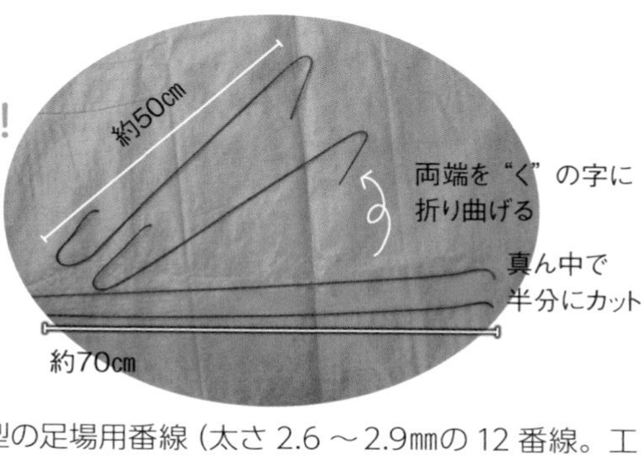
約50㎝
両端を“く”の字に
折り曲げる
真ん中で
半分にカット
約70㎝

U字型の足場用番線（太さ2.6～2.9㎜の12番線。工事の際、足場を組むのに使用。金物屋やホームセンターで購入可）を番線カッターなどで半分にカットすると70～80㎝になる。両端をそれぞれ反対側の方向に“く”の字に折り曲げる。洗ったさつまいもを片方の端にさす。大きいいもは適当な大きさに切る。

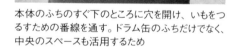

❸点火していもをつるす　途中でいもの配置替えを忘れずに

新聞紙と木ぎれを入れて、火をつける。続いてバーベキュー用の炭も投入（6kgを少しずつ入れる）。5分ほどで炭が赤くなり、おき火ができたらいもをつるす。蓋をして蒸し焼き状態に。

つるしたいもは、火からの距離がちょうどいい高さに。焦がすことなくじっくり焼き上がる。「半分にした番線の長さが、ぴったりなんです」

つるす場所によって、火の通り具合が違うので、15分ほどしたらいもの配置を替える。最もよく火が当たるところは中央。

いもの大きさにもよるが1缶に少なくとも30本、多くて50本はつり下げられる。「落ち葉でいっぺんにこれだけの本数を焼こうとすると、落ち葉を集める作業が大変なんですよね」

❹30〜40分ほどで焼きあがり！

30 分後。皮に焼き目がつき、「もういいかな」という頃合いになったら、いもをさわって確かめる。「皮はパリッと、中がやわらかくなったら OK です」。熱いのでやけどしないように注意！

焼き上がったいもから引き上げ、新聞紙をしいた発泡スチロール箱に入れて保温。使い終わった番線はサビがつくので、使用は1回きりにしている

「おふじやま教室」のスタッフの田山美千子さん。炭火でゆっくり焼いたいもは、ほくほくでやっぱり「おいしい〜」。焼き上がりを待つあいだに、もう一品、人気のいも料理を教えてくれた

待ち時間に“炊飯器で大学いも”

（調味料の分量は5合炊きの炊飯器　さつまいも15 〜20本分）

揚げる手間も、煮くずれもナシ！
炊飯器で簡単に大学いもができる

1　一口大に切ったいもを炊飯器いっぱいに入れる。5合炊きの炊飯器なら15 〜 20本ほど
2　サラダ油大さじ2を入れ、炊飯器をゆすっていもによく絡ませる
3　グラニュー糖（なければ上白糖でもいい）を1カップ（170g）入れて、再びいもに絡ませる
4　しょう油小さじ1とその倍量の水を入れ、これも絡ませたら炊飯スタート。炊飯が完了したら完成

絵とき 焼きいもはなぜ甘くなる？

まとめ・編集部

さつまいもを加熱すると甘くなるのは、内部に含まれている糖化酵素（β-アミラーゼ）がでんぷんを麦芽糖に変えるからだ

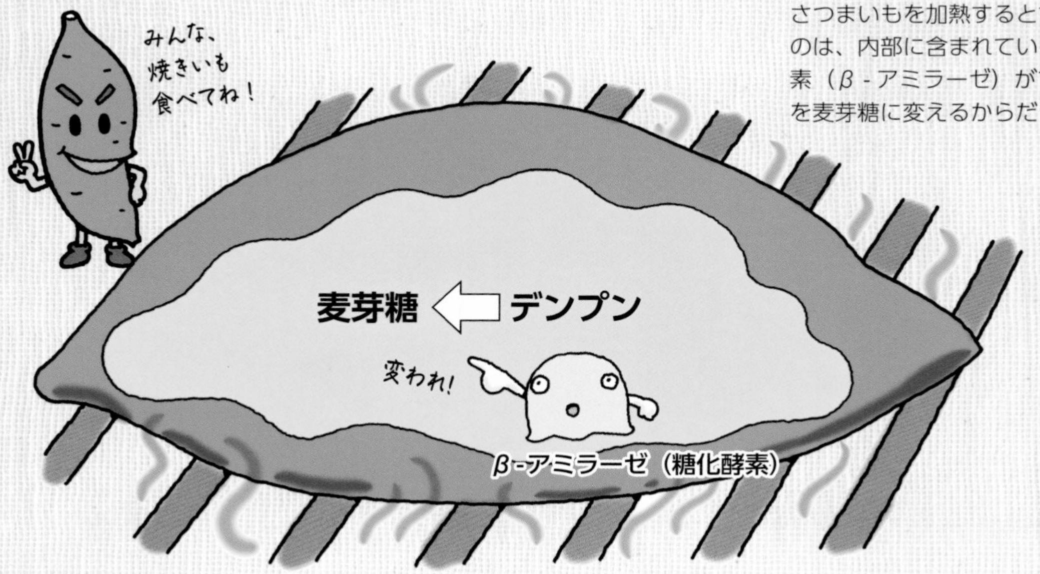
みんな、
焼きいも
食べてね！
麦芽糖
デンプン
変われ！
β-アミラーゼ（糖化酵素）

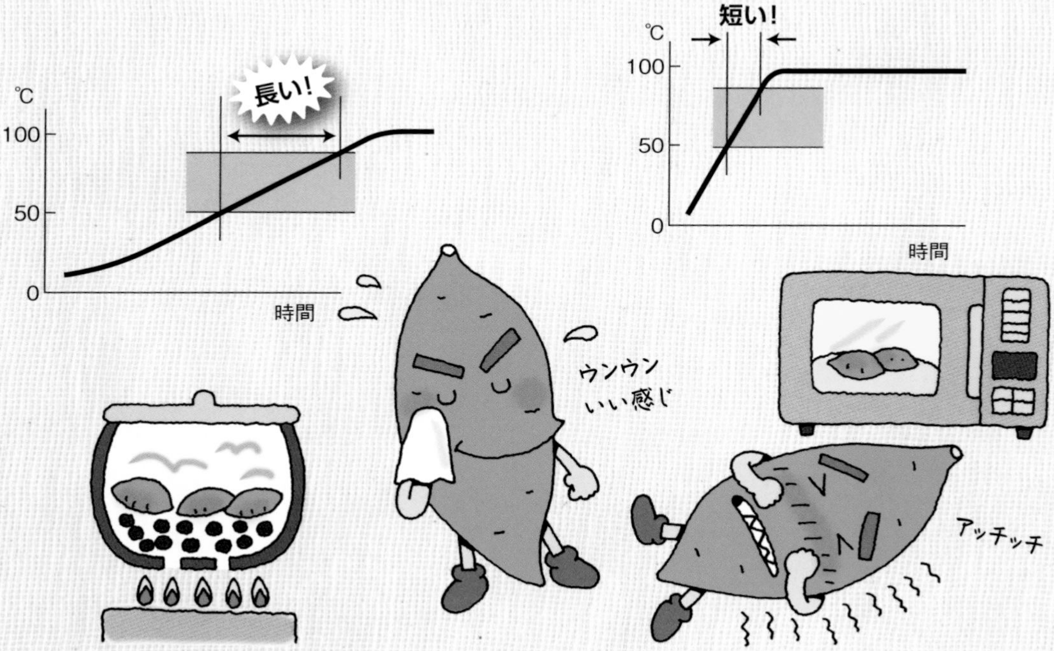
℃
100
50
0
長い！
時間
℃
短い！
100
50
0
時間
ウンウン
いい感じ
アッチッチ

加熱中にβ-アミラーゼが働くのは50～80℃、特によく働くのは55℃前後で、この温度帯の加熱時間が長いほうが甘みを増す。焼き上がるまで40～60分かける石焼き・つぼ焼きのいもが甘いのもそのため。反対に、電子レンジでいもの温度を急激に上げてしまうと甘くならない

焼けば甘みが増すさつまいもだが、品種によって粉質の「ほくほく系」と粘質の「しっとり系」に分けられる

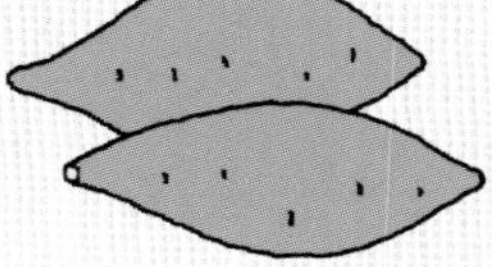

焼きいもといえばほくほく系好きの人が多い。代表的なのは、高系14号（なると金時や五郎島金時など）やベニアズマ

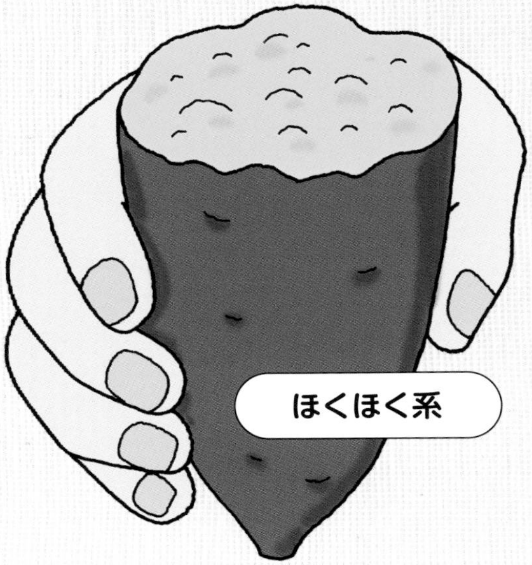

ほくほく系

しっとり系

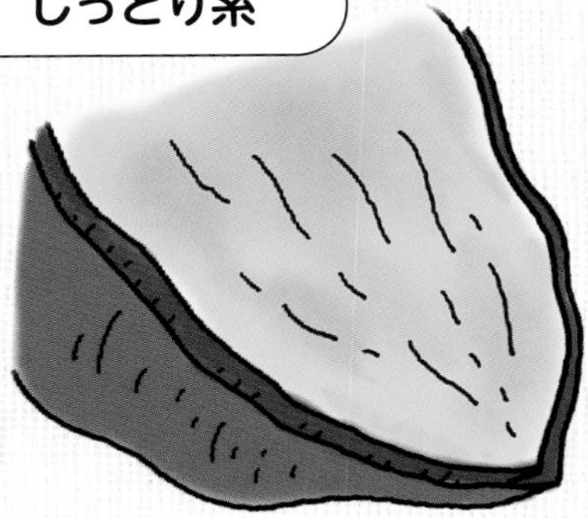

最近、女性のあいだで「スイーツ」として人気が高まっている安納いもやべにまさり、べにはるかなど。甘〜い焼きいも

熱の感じ方、不思議系

オキコガネ、
サツマヒカリ、
ジョイホワイト

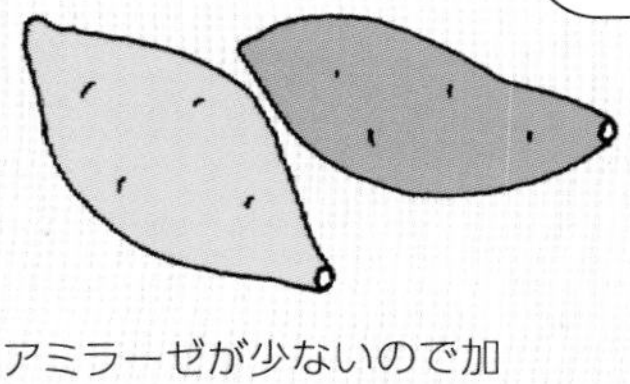

β - アミラーゼが少ないので加熱しても甘くならない。調理用途の幅が広がる

クイックスイート

電子レンジでは、甘い蒸かしいもはできないという常識を破った品種。短い調理時間でも糖化が進むでんぷんを含む

そうそう、いろんな調理に使えるのは、加熱しても甘くならないオイラのようないもだ

※参考『食品加工総覧』第9巻、『まるごと楽しむサツマイモ百科』（武田英之著・農文協刊）

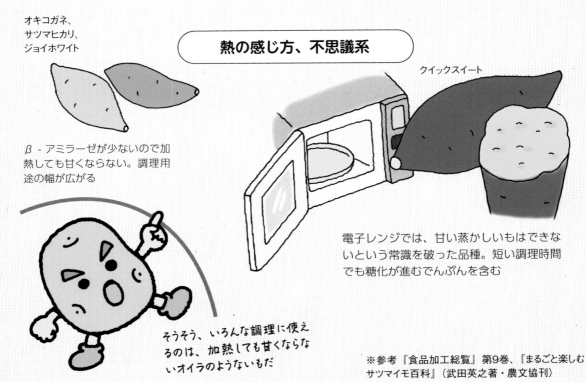

オーブントースターでも、しっとりとした甘みの濃い焼きいもができる

オーブントースターで極上の焼きいもを作るコツ

淡野一郎

オーブントースターで焼きいもを作る手順

1　いもをアルミにくるまずにトースターに入れ、180℃で20分焼く
2　130℃で30分焼く
3　200℃で20分焼いて完成

温度を3段階で調節

「ピー」と汽笛を鳴らしながら、薪焚きの釜を載せたリヤカーを引いて石焼きいもを売り歩く焼きいも売りはかつて冬の風物詩でした。寒い日に食べるホカホカの焼きいもは、甘くて、芳ばしい香りで、少し焦げた皮はパリッとした食感で至極の味わいでした。そんな焼きいもを、オーブントースターで手軽に作ることができます。

まず、トースターの温度を180℃に設定し一気にいもの内部の温度を75〜80℃程度まで上げます。この時間はいものサイズにもよりますが20分ほど。次に目盛りを130℃に下げていも内部の温度を80℃程度で維持します。30分でしっとりした食感になりますが、ほくほくが好みならば時間を短くします。最後に200℃に上げて20分加熱してできあがり。

これは130g程度の小ぶりないもの場合です。大きめのいもの場合は最初の180℃設定の時間を5分程度延ばします。

じっくり低温で酵素を働かせる

この温度設定の理由は次の通りです。でんぷんはブドウ糖が長く連なった鎖状で、これが結晶状になっていると、そのままでは無味で粉っぽい食感で消化もできません。そこででんぷんを分解しやすくするために熱を加え、結晶状のでんぷんに水を入り込ませ結晶を緩ませます（糊化）。一般的なさつまいも品種のでんぷんの糊化温度は65〜75℃以上です。

次に同じくいもに含まれるβ-アミラーゼという酵素で糊化した鎖状のでんぷんを切って麦芽糖などの糖を作らせます（糖化）。β-アミラーゼの働きがピークになるのは55℃で、温度が上がるごとにでんぷんを切る能力は失われていきます。ただし、55℃では糊化しないことと、80℃程度まではβ-アミラーゼがなんとか働いてくれるので、いも内部の温度を65〜80℃に維持することがポイントになります。

糖化したら仕上げに180℃の高温を加え、糖とアミノ酸を反応（アミノ-カルボニル反応）させることで褐色のメライノジンができ、芳しい香りになります。同時に皮付近の糖があめ状になり、一部はカラメル化して独特の甘さと皮にパリッとした焼け感が出ます。

いもはアルミホイルで包みません。アルミホイルで包むと水分が飛ばないのでべちゃべちゃした食感になり、甘みも濃くならないためです。

今回使ったオーブントースターはアラジン社製CAT-G13Aです。家庭用のオーブントースターは目盛りも大まかで、機種により性能に違いがあるので必要に応じて調整してください。

（園芸研究家）

第2章

さつまいもの料理・おやつ

さつまいもの料理

ふっくらもちもち♪

（料理／写真・小倉かよ、以下O）

さつまいものつき揚げ

長崎●小松カツノ

さつまいもがたくさん食べられる！
ほんのり甘い、長崎の郷土料理

材料

さつまいも　1kg
小麦粉　250g
卵　2個
砂糖　250g
塩　20g
しょうがの搾り汁　少々

※砂糖・塩は好みで減らしてもよい

いもは茹でるのでなく、蒸したほうが甘みが出る

作り方

1　さつまいもの皮をむき、塩水に1～2時間浸けてアクを抜く
2　いもを切って蒸し、熱いうちにつぶす
3　**2**へ分量の小麦粉を入れ、よくつく
4　粗熱がとれたら卵を入れ、砂糖、しょうが汁、塩を加えてよく混ぜる
5　少し厚みを持たせた直径4～5㎝の円盤状にし、180℃の油で揚げる。最初は高く、あとは少し温度を下げてじっくり火を通す

　長崎の郷土料理の一つでもあり、今でも精進料理には必ずついているものです。母がよく、おやつに作ってくれました。
　水は使いません。材料をこねるときに、耳たぶぐらいの固さになるようにするとふっくらするようです。固さはいもの水分によって変わるので、粉の量で調整します。こねるときに牛乳を少々加えるとふっくらするようです。サラダ油よりナタネ油を使うと香りや色がよくて、私は好きです。

さつまいものポテサラ！

（O）

さつまいもサラダ

埼玉●武田浩太郎

さつまいもの甘さとほんのりした酸味のバランスが絶妙！

材料（4人分）

さつまいも　250g
玉ねぎ　4分の1個
マヨネーズ　大さじ5
きゅうり　1本
塩　少々
すし酢　適量

作り方

1　さつまいもを蒸かす
2　玉ねぎを粗みじん切りにする
3　きゅうりを輪切りにして、塩もみして、水洗いする
4　蒸かしたさつまいもの皮をむいて、玉ねぎを加え、少しずつマヨネーズを混ぜながら、いもをつぶす

※蒸かしたいもの余熱で玉ねぎに火を通す感じ。マヨネーズを加えたほうが混ぜやすい。いものつぶし方は好みで細かくてもいいし、粗くてもよい

5　粗熱がとれたら**3**のきゅうりを加える
6　すし酢を加えて、完成

　このサラダは、さつまいも農家のわが家でも定番ですし、経営するカフェ（OIMOcafe）でも開店以来ずっと出し続けている人気メニューです。いもだけでは重たい食感になるので、玉ねぎを入れて軽さを出します。
　この料理におすすめの品種は、むさし金時（高系14号）。筋がないことと、きめ細かい食感が特徴で、サラダには最適です。

さつまいもなのにおかずになり、男性にも喜ばれそう（O）

さつまいものオイスターソースがけ

静岡●寺田修二

さつまいもがおかずになる！
しっとり系の品種がおすすめ

材料

さつまいも　300g
オイスターソース　大さじ2
日本酒　大さじ1
砂糖　大さじ2（好みで）

作り方

1　さつまいもの皮をむいて拍子木切りにし、水に2〜3分浸してアクを抜き、水を切る

2　中華鍋にサラダ油をいもが半分程度浸るくらい入れ、いもを揚げる。8割ほど火が通ったら、ザルに取り出して油をしっかり切る。中華鍋の油はオイルポットに空ける

3　いもを中華鍋に戻し、酒、好みで砂糖を加え、中火で炒める。味が染み込んだところでオイスターソースを加え、全体に絡まったらできあがり

※酒をふることで、オイスターソースの絡みがよくなる

油をしっかり切ると、冷めてもおいしい

　さつまいもはふつう甘く調理しますが、テレビで野菜をオイスターソースで炒めているのを見て、さつまいもにも合うのではないかと思い、試してみました。その結果、おかず風のしょっぱい面白い味になりました。

　品種はベニアズマなどのほくほくしたいもでは、味がいまいちでした。当地でよく干しいもに使われるにんじんいもを使うと、ねっちりとした味を引き出すことができました。安納いものようなねっとり系のいものほうが合うかと思います。とはいえ、どんなに糖度の低いいもでも、オイスターソースを使うと旨みや甘みが増していっそうおいしくいただくことができます。

（写真・五十嵐公、スタイリング・本郷由紀子、食器提供・吉祥寺PukuPuku）

いもなんば

さつまいもとねぎの甘さが溶け合う

材料（2～3人分）

さつまいも　2～3本（350g）
（1.5㎝の輪切り）
青ねぎ　10本（50g）（3㎝長さに切る）
だし汁　1～2カップ
醤油　小さじ1と1/2
砂糖　小さじ1

作り方

1　さつまいもはひたひたのだし汁でやわらかくなるまで煮る
2　醤油、砂糖を加え、ねぎを加えて汁気がなくなるまでサッと煮る

なんばとは青ねぎのことをいう。昔、青ねぎの産地が灘波にあったためにそう呼ばれるようになった。
いもなんばは、さつまいもを五分くらいの輪切りにして、水煮してやわらかく炊き、一寸（3㎝）ほどに切った青ねぎを加え、醤油で味をつける。さつまいもとねぎの甘さが溶け合った味が喜ばれる。

『聞き書 大阪の食事』（農文協刊）より　執筆：尾上治子

いもんせんの揚げもん

「せん」とはでんぷんのこと
もっちり感がクセになります

材料（直径18㎝のフライパン1枚分）
いもんせん（さつまいもでんぷん）、水　各1カップ
植物油　大さじ1
しょうが醤油　適量

作り方
1　いもんせんに水を加え、さらさらするくらい混ぜる
2　フライパンをよく熱して油を入れる。**1**をよく混ぜて粉が沈んでない状態で流し入れる
3　箸で全体をかき混ぜる。だんだん透明になり、かたまったら中火にしてひっくり返す
4　木べらで押さえつけて形を整え、両面をこんがり焼く
5　まな板に出して好みの形に切り分け、しょうが醤油で食べる。酢醤油も合う
※長さ5㎝くらいの短冊に切り、煮しめにも使う
（レシピ・編集部、下も）

（写真・小林キユウ、スタイリング・本郷由紀子、次ページまで）

でんぷんだご汁

もちもちの団子のボリュームで
ご飯はいらないぐらいです

材料（4人分）
さつまいも　50g
さつまいもでんぷん　50g
だし汁　4カップ
醤油　小さじ1
塩　小さじ1/5
青ねぎの小口切り　適量

作り方
1　いもを蒸し、皮をむいて熱いうちにつぶす
2　同量のでんぷんを加えて混ぜ、水大さじ3～4（分量外）を様子をみながら加えてこねる
3　だし汁に醤油、塩を加え、ひと煮立ちさせ、**2**を平たくちぎって入れる
4　浮いてきたら火を止める。器に盛り、ねぎを散らす

（レシピ・井上昌代）

さつまいものポタージュ

ほんのり甘くやさしい味で
さつまいもが苦手な人にもおすすめ
肌寒い夜でも体が温まります

材料（4人分）
さつまいも　400g
牛乳（または豆乳）　300㎖
水（牛乳の半量）　150㎖
塩　ふたつまみ（甘さを引き立てる程度）

作り方
1　いもの皮をむき、適当な大きさに切って竹串がすっと通るぐらいやわらかくなるまで蒸して裏ごしする。牛乳、水を加えて溶き、塩で味をつける。蒸したいも、牛乳、水をミキサーにかけてもよい
2　鍋に移し、**1**を温めて器によそう。好みでこしょうをかけてもよい

※冷製でもおいしい。ブイヨンを入れてもよいが、その場合は塩の量を減らす

〈memo〉大人用はこしょうを多めにふるとピリッと味がしまります（神奈川県 井上昌代さん）

さつまいもの葉の炒めもの（炒地瓜葉《チャオディグワイェ》）

ちょっと粘りのあるいもの葉は
台湾ではおなじみの食材

材料（4人分）
さつまいもの葉と茎　200g
にんにく　1かけ（みじん切り）
植物油　大さじ1
塩　小さじ1/3

作り方
1　さつまいもの葉と茎を分ける。太いツルの部分はスジっぽいので使わない
2　フライパンに油を熱し、にんにくを入れて香りが立つまで炒める
3　いもの茎、葉の順に炒め、全体がしんなりしたら、塩をふって火を止める。好みでかつお節をひとつかみ、入れてもよい

（レシピ・編集部）

長崎・対馬《つしま》のさつまいも料理

ろくべえ

長崎県の対馬に伝わる「ろくべえ」。
さつまいものでんぷんを
団子にした保存食を
さらに砕いてこねるという
手の込んだ作業は
時間と手間をかけた知恵の結晶。
食べつなぐために
受け継がれてきたいとなみを
いまも続ける人をたずねました。

文・編集部　写真・野口修二

幸枝さんのさつまいも畑。近年ではいのししなどの被害が増えているため、四方を金属の柵で囲っている

食卓に欠かせないさつまいも

対馬では、さつまいものことを「孝行芋《こうこう》」と呼びます。平地が少なく水も乏しかった対馬では、米の栽培が難しく、山の焼畑で育つ麦が食の中心。それを補うために栽培されたのが、さつまいもでした。やせた土地や山の傾斜地でも育ち、凶作の年も、島民を飢饉から救ってきた、「百姓孝行」ないもなのです。

「このいも畑の向こうにダムができるまでは、水がこなかったから、この辺で田んぼはできなかったですよ」と話すのは、斎藤幸枝《さちえ》さん。対馬中央部の旧豊玉町《とよたま》・田《た》集落に暮らし、さつまいもや米、そばを栽培しています。

ここで生まれ育った幸枝さんにとって、さつまいもはとても身近な食材。「お弁当には、毎日いもの煮たのが入ってましたね。家族で野良仕事に出るときは、いもを持って行ってその場で焼いて昼ごはんにしたし、友だちの家に遊びに行くときは、焼きいもをスカートにくるんで出かけてね」と、懐かしそう。

〝千の手間〟がかかる団子

対馬には、さつまいもを使った料理がいくつかあります。中でも幸枝さんが得意なのが「ろくべえ」。「食べてみて」と出されたお椀に浮かぶ麺は、真っ黒でツルツル。紅《あか》いさつまいもからは想像もつかない見た目にびっくり。麺をすすると、こんにゃくのような弾力があって、ちゅるんとしたのどごしがたまりません。「麺の〝つなぎ〟は何なの、って聞かれるんですけど、使ってないんですよ」。なんでも、さつまいもを発酵させて作るから、粘りが出るとか。

「ろくべえは、これで作るんです」といって、幸枝さんが倉庫から出してきた木箱には、たくさんの真っ白な団子が。さわるとかたくて、少し粉っぽい。これは、「せんだんご」と呼ばれる、対馬伝統のさつまいもの保存食。ろくべえの素です。

さつまいもは、保存がきくとはいえ、一年中食べられるわけではありません。対馬では生のいもは2~3月で食べ切ります。そこで、翌秋の

右／長い麺を作るのはとても難しいが、名人の幸枝さんはお手の物。
左上／大きな鍋やろくべえせぎ（麺を押し出すおろし金のような道具）は場所をとるので、幸枝さんはろくべえを外で作ることが多い左下／海岸沿いに立ち並ぶ家々

収穫まで食べつなぐための、いもを使った保存食が生まれました。茹でいもを薄く切って乾燥させた「切り干し」と、このせんだんごです。〝せん〟とはさつまいものでんぷんのこと。それを取り出して乾燥させたのが、せんだんごです。簡単に聞こえますが、作るのはとても大変。まず、秋に収穫したいもを薄切りして、2〜3週間水につけたのち、発酵させること1カ月。やわらかくなったいもを丸めたら、さらに1カ月天日干し。水にさらしてでんぷんを取り、団子にして1カ月乾燥させて……と、冬場の丸4カ月をかけて、やっとできるものなのです。

幸枝さんは、お姑さんに習って以来30年、自分で栽培したさつまいもで、せんだんご作りを続けてきました。「昔は大きいいもを主食や切り干し用にして、小さいのや傷の入ったのでせんだんごを作ったんです。そんないもでもおいしく食べようっていう、昔の人の知恵ですね」

人が集まるところには欠かせないろくべえ

もち粉と混ぜてついてもちにしたり、ぜんざいに入れたりと、せんだんごは軽食やおやつに重宝しました。中でも対馬の人々にとって欠かせない料理が、このろくべえです。今でも、冠婚葬祭など人の集まる席でふるまわれます。温かいだしをかけるのが普通ですが、鶏や魚を醤油と砂糖で甘辛く煮つけた「いりやき」という鍋が出るときは、そのシメにろくべえの麺を入れるのが定番。これがたまらなくおいしいそうです。

とはいえ、せんだんごもろくべえも、最近は作る家も減り、この田集落でも5軒だけ。しかし、「やめようと思ったことはない」と幸枝さん。それは、ろくべえを楽しみにしている人がいるから。「この夏も、初盆の家に頼まれて作りましたよ。『孫がそうめんそっちのけで食べてたよ！』なんて聞くと、うれしくて」。〝孝行芋〟のもつ力と、対馬に生きる人々の知恵が、この一杯には込められているのです。

対馬のさつまいも料理

【切り干しのおにぎり】　切り干しを茹でてつぶしてなめらかにし、三角形ににぎる。おやつや、少し小腹のすいたときに食べる。茹でた小豆やえんどう豆を混ぜてもおいしい。

【ろくべえ】　せんだんごだけで作る麺料理。→作り方は56～57ページ

【せんちまき】　砕いて粉状にしたせんだんごと黒砂糖、塩、炭酸を混ぜ合わせて熱湯を加え、こねる。小豆あんを包み、さんきら（サンキライ）の葉ではさんで蒸し器で蒸す。

【せんだんごぜんざい】　茹でたさつまいもに、砕いて粉状にしたせんだんごを混ぜてこねる（かたいときは水を足す）。直径5㎝ほどの円盤状にのばして茹で、小豆ぜんざいに入れる。

【せんつけ】　せんだんごを砕いて粉状にし、水で溶いて砂糖と塩を混ぜて焼く。表面が白くなったら刷毛で水を塗り、裏返して焼く。茹でたさつまいもをつぶしたものや、小豆あんをのせて巻き、食べやすい大きさに切る。甘すぎないので大人も子どもも楽しめる。

ろくべえの作り方

対馬の人々に愛されてきたろくべえ。
独特の見た目と食感はどうやって生まれるのでしょう。

きれいに並んだせんだんご。中まできちんと乾燥するよう、指でへこませて「鼻高団子」と呼ばれる形にする

1 せんだんごを手で細かく砕く

2 ぬるま湯をかけて、全体に水が行き渡るよう手でこねる

だんだんやわらかくなってきます

3 なめらかになってきたら、生地をソフトボール大に丸める

大きい団子にします

4 大きめの鍋に湯を沸かし、**3**の団子を入れてさっと茹で、水気を切る。加熱すると色が濃くなる

一気に茶色くなった!

5 しゃもじで形をくずし、再び手でこねる。下茹ですることで生地がねっとりし、麺が切れにくくなる

ここで一度くずす！

またこねる！

かなりねっとりしてきました

6 5の生地を少量ずつとって、ろくべえせぎの刃にあてて押し出し、お湯を沸かした鍋に落としていく。麺が切れないように、生地が減ったら継ぎ足していく

にゅる〜っと下から出てきます

7 再沸騰して2〜3分たったら冷水にとり、アクを洗い落として水気を切る

すごい量のアク！

1杯分ずつ丸めます

\完成/

温かいだしにろくべえを入れて、ねぎやかまぼこなどをのせる

さつまいものおやつ

大学いも

栃木●渡邉智子

外はつやつや、
中はほくほく

作り方

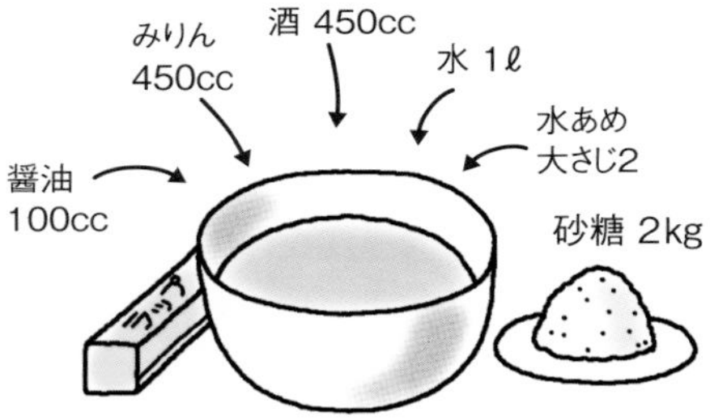
みりん
450cc
酒 450cc
水 1ℓ
水あめ
大さじ2
醤油
100cc
砂糖 2kg
ラップ

1　朝、ボウルの中に液体を入れて混ぜてから、砂糖はかき混ぜずに入れ、ラップをしておく

いも 3kg

2　夕方、いもを乱切りにし、5％の塩水に20～30分入れてアクを抜いたあと、ザルに入れて一晩水切りする

3　翌朝、砂糖の溶けたタレを弱火でじっくり半分くらいに煮詰める（ややあめっぽくなるが、そのままにして固まらない程度）

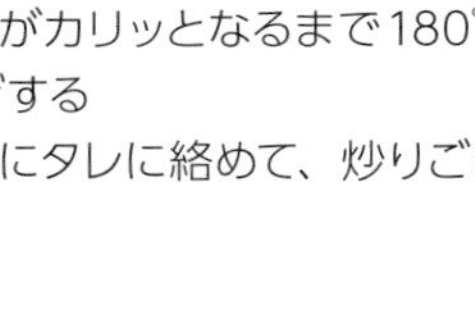

4　いもを揚げる。最初は160℃くらいの中火で中をほくほくにし、次に表面がカリッとなるまで180℃の強火で1分ほど二度揚げする

5　油を切って、熱いうちにタレに絡めて、炒りごまをパラパラかけて完成

　直売所で自家製野菜や手作りの加工品を販売しています。大学いもは私が大好きなのでよく作ります。タレは試行錯誤の末、やっとイメージ通りのものができました。水、醤油、みりん、水あめ、酒を混ぜた液の中に、砂糖を入れてかき混ぜずに一晩寝かせる方法です。これだと、煮詰めても白くならずにキレイな照りがでて、中はほくほくに仕上げることができます。

しょうがシロップの大学いも

しょうがの辛みがピリッときいた
おとな味の大学いも

（写真・寺澤太郎）

材料（作りやすい分量）
さつまいも　中1本
A ┌ メープルシロップ　100mℓ
　│ しょうが　1かけ（薄切り）
　└ 白炒りごま　少々
揚げ油　適量

作り方
1　さつまいもは皮つきのまま乱切りにし、5分ほど水にさらす。水気をしっかりふき取り、中温の油で火が通るまで揚げる
2　フライパンにAを入れて中火にかける。メープルシロップがとろりとしてきたらさつまいもを加え、よく絡める
※しょうがシロップは、冷ましてアイスクリームやあんみつ用の寒天などにかけてもおいしい

（レシピ／料理／スタイリング・中川たま）

さつまいものあめがらめ

あめはカリッ、いもはほっくりと
食感の違いが楽しい

材料（10～12個）
さつまいも　200g
┌ 白玉粉　50g
└ 水　1/4カップ
A ┌ さつまいもでんぷん　15g
　│ 砂糖　25g
　└ バター　20g
揚げ油　適量

作り方
1　いもを蒸して皮をむいてすりつぶす。白玉粉と水は合わせておく
2　いもが熱いうちにAを混ぜ、**1**の白玉粉もむらがないよう混ぜ合わせる
3　棒状にまとめてちぎり、手のひらで3～4㎝の球状に丸める
4　低温の油に**3**を入れじっくり揚げる。上に浮いてきたら一度スプーンの裏などで押して中の空気を抜く
5　再び膨れ上がってきたら取り出す

（レシピ・編集部、以下63ページまで）

（写真・小林キユウ、以下61ページ上まで）

福岡のいももち

切ったいもと粉を混ぜて蒸すだけ
お腹にしっかりたまります

材料（5個分）
さつまいも　1本（200g）
小麦粉　150g
水　75mℓ

作り方

1　いもは皮をむいて1cm角に切り、水に浸す
2　いもの水気を切り、小麦粉と水を加えて混ぜる。まとまってきたら5等分にして手で丸める。いものゴロゴロ感があってもよい
3　沸騰した蒸し器に並べ、弱火でじっくり20分蒸す

※ゆっくり加熱することで、いもの糖化が進み、甘みも増す

宮古島のいももち

ほのかに甘くなめらかな茹でもち
宮古島の行事のお茶請けです

材料（5個）
さつまいも　1本（200g）
小麦粉　大さじ4
水　大さじ1～2
片栗粉　適量

作り方

1　いもはやわらかくなるまで煮る。皮をむいて、すりこぎでよくつく
2　小麦粉に水を加えてこねて、そこに**1**のいもを加えてさらについて、手のひら大に丸める
3　沸騰した湯で茹でる。浮いてきて、箸に刺して生地がつかなければ煮えている
4　水気を切った**3**を再びついて、熱いうちに片栗粉をまぶして形を整える。きな粉をまぶしてもよい

静岡のいももち

さつまいも×里いもに
昔はくず米を使って作ったもち

材料（8個分）
さつまいも　小1本（100g）
里いも　1個（100g）
うるち米　1合
塩　小さじ1/2

作り方
1　いもはそれぞれ皮をむいてさいの目に切る。さつまいもは水にさらしておく
2　米は洗って目盛りに合わせて水加減し、いもと塩を入れて炊く
3　炊けたらすりこぎで全体をつぶし、手に水をつけてすしのように握る

いきなりだご

いもをいきなり包むのでついた名前
熊本では農繁期の定番おやつ

材料（10～15個）
さつまいも　大1本
小麦粉　200g
塩　ひとつまみ
水　1/2カップ

作り方
1　さつまいもの皮をむいて、1.5㎝程度の厚さの輪切りにし、しばらく水に浸けておく
2　小麦粉と塩を合わせ、水を加えてかためにこね、ぬれ布巾をかけて30分ほどおく
3　**1**のさつまいもの水けを切り、布巾などでふき、**2**の生地を薄くのばして包む
4　蒸気のあがった蒸し器に入れ、さつまいもに竹串がすっと通るまで蒸す
※いもと一緒に小豆あんをはさんでもよい
※いもの皮は厚めにむくと、色が変色しにくい

（写真・高木あつ子、スタイリング・本郷由紀子）

（写真・小林キユウ、スタイリング・本郷由紀子、以下65ページまで）

ねったぼ

さつまいもをつきこんだもちで、
やわらかく歯切れがいいです。
宮崎県や鹿児島県で作られています

材料（6～8個分）
さつまいも　2本（400g）
もち　4個（いもの半量200g）
┌ きな粉、砂糖　各大さじ4
└ 塩　ひとつまみ

作り方

1　さつまいもの皮を厚めにむいて適当な大きさに切る。オーブンシートを敷いた蒸し器に入れ、上にもちをのせる

2　強火で20分ほど、いもに火が通るまで蒸す。ボウルに取り出してすりこぎでつき混ぜる

3　スプーンなどで少しずつ取り分け、丸めながら、砂糖と塩を混ぜたきな粉をまぶす

ええもの

いもと小豆の“いとこ煮”
黒砂糖の風味でコクが出ます

材料（2～4人分）
さつまいも　1本（200g）
小豆　30g
黒砂糖　大さじ1～2

作り方

1　いもは厚めの輪切りにしてやわらかくなるまで煮て、お湯を切っておく
2　小豆は、3倍量の水で指でつぶれるぐらいのかたさになるまで煮る
3　**1**の鍋に**2**の小豆を加えて火にかけ、黒砂糖を入れる。いもがくずれないように気をつけて、全体を混ぜる
4　水気がなくなって砂糖が溶けたら火を止める

いもようかん

いものおいしさを固めた
シンプルな味の定番おやつ

材料（15㎝×10.5㎝×5㎝の流し缶 1つ分）
さつまいも　2本（400g）
粉寒天　4g
砂糖　80g
水　1カップ

作り方

1　いもは輪切りにし、厚めに皮をむき、やわらかくなるまで茹でる。熱いうちになめらかにすりつぶすか、裏ごしする
2　水に粉寒天を入れて沸騰させて砂糖を加えて溶かし、**1**を混ぜて型に流す。表面はヘラなどでなめらかにする
3　冷蔵庫で冷やし、固まったら切り分ける

スイートポテト

甘さはいもとりんごだけ
中島デコさんに教わったレシピ

材料（約16個分）

さつまいも　中3本（約600g）
りんご　1個
【塩水】
水　1/2カップ
塩　小さじ1/2

A
- ココナッツミルク（なければ豆乳）　3/4カップ
- 塩　小さじ1/2
- 白ごまペースト　大さじ2

シナモン（粉）　適量

作り方

1　いもは蒸して皮をむいてつぶす

2　りんごは皮をむいて1㎝の角切りにし、塩水にさっとくぐらせてから鍋に入れる。シナモン少々をふって蓋をし、りんごが半透明になるまで蒸し煮にする

3　Aをボウルに入れ、よく混ぜ、**1**と**2**を加えてよく混ぜる

4　**3**を16等分にし、ぬれ布巾で包んで舟形にする。菜種油（分量外）を塗った天板に並べてシナモンをたっぷりふりかける。200℃に熱したオーブンで20～25分焼く

（レシピ・中島デコ）

さつまいもの ココナッツミルク煮

温かくても冷たくてもおいしい
南国の香りのデザート

材料（4人分）
さつまいも　200g
（皮をむいて2㎝角に切る）
水　2カップ
砂糖　大さじ2
バナナ　1本（輪切り）
ココナッツミルク　1カップ
クローブ（ホール）　2～3個
シナモン（ホール）　1本

作り方
1　いもと水を火にかける
2　沸騰したら、砂糖、クローブ、シナモンを加えていもがやわらかくなるまで煮る
3　ココナッツミルクとバナナを加えて、ひと煮立ちしたら火を止める

（レシピ・編集部）

（写真・寺澤太郎、レシピ/料理/スタイリング・中川たま、左ページも）

さつまいもガレット

全粒粉のザックリとした生地と
ほくほくのいもの組み合わせが楽しい

材料
（直径約20㎝の円形・1枚分）
さつまいも　中1本
蜂蜜　大さじ2
砂糖　大さじ1

【生地】
バター　50g
A 強力粉、薄力粉　各40g
A 全粒粉　20g
A 塩　ひとつまみ
冷水　40㎖

作り方

1　バターは1㎝角に切り、冷蔵庫で冷やしておく

2　さつまいもは5㎜厚さの輪切りにし、5分ほど水にさらす。水気を切り、熱湯で3分茹でてザルにあげる

3　ボウルにAを入れ、手でざっと混ぜ合わせる。バターを加え、指でつぶしながら粉をからませたら、両手ですり混ぜてパン粉状にする。冷水を加え、ひとまとめにする

4　打ち粉（分量外）をした台におき、麺棒で薄くのばす。左右の端を折って三つ折りにし、縦にも三つ折りにする

5　4をもう一度繰り返したらオーブンシートの上に生地をおき、麺棒で2㎜厚さに丸くのばす

6　縁を少し残してさつまいもを並べる。縁を内側に折りたたんで蜂蜜を回しかけ、砂糖を全体にふる。シートごと天板にのせ、200℃に温めたオーブンで18～20分焼く。切り分けて、好みでアイスクリームを添えてもおいしい

※ガレットは、円形の平たい焼き菓子のこと。このような、型なしで生地の端を折り込んで焼くパイを指す場合もある

さつまいもといちじくのきんつば

なめらかないもあんの中で
いちじくがプチプチはじけます

材料（4個分）

さつまいも　200g
ドライいちじく
（ソフトタイプ）　8個
メープルシロップ　大さじ1
A
- 米粉（上新粉）　大さじ3
- 白玉粉　大さじ1/2
- 水　大さじ4

作り方

1　さつまいもは蒸気の上がった蒸し器でやわらかくなるまで蒸して皮を取り除く。いちじくは1/2～1/4に切る

2　ボウルにさつまいもを入れてなめらかになるまでつぶし、いちじくとメープルシロップを加えてよく混ぜる

3　広げたラップに**2**をのせ、縦横4×18㎝、高さ4㎝程度の角形に整えて包む。冷蔵庫で30分ほど冷やしたら、ラップをはずして4等分に切る

4　ボウルにAを入れてよく混ぜ合わせ、外皮の生地を作る。フライパンを温め、**3**に一面ずつ生地をつけて、その都度弱火で1分ほど焼く

米麹で作る水あめ

普通、水あめは麦芽で作りますが、米麹でも作れます。いもに含まれるでんぷんが米麹の酵素でゆっくり分解されることで甘～い水あめができます。

用意するもの

さつまいも2本（750g）、米麹200g、湯2ℓ、温度計、さらし（あればさらし袋）、布巾

つぶしたいもが熱いうちに混ぜます

1 麹を加える

皮をむいて乱切りにしたいもを茹で、やわらかくなったらよくつぶす。ほぐした米麹に60℃の湯1ℓを混ぜ、つぶしたいもに加える

↓

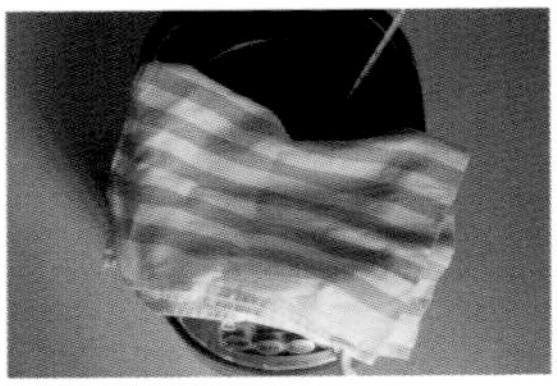

2 保温する

炊飯器に移し、60℃台で8時間保温する。蓋を閉めずに布巾などをかけておくと温度が上がりすぎず安定して保温できる

↓

3 しぼる

保温が終わり、冷めたらさらしに包んで汁をしぼる。これが1番汁

このしぼりかすも料理に使えます！

4 再びしぼる

さらしをボウルに広げて**3**のしぼりかすを入れ、さらに60℃の湯を1ℓ加えてしっかりしぼる（2番汁）

↓

大鍋で煮ると水分が早く飛ぶ

5 火にかける

1番汁と2番汁を合わせて鍋に入れる。火にかけ、1時間程度、弱～中火でぐつぐつ煮る

↓

シャボン玉大の泡が出てきたらそろそろです！

6 煮詰める

かさが減り、煮詰まってきたら、焦がさないよう木べらで混ぜる。茶色が濃くなったら火を止めて、瓶に移す

でんぷんを分解する酵素が働く適温は60℃くらいなので、低温・高温と選べる保温機能がついている炊飯器ならば60℃の低温モードで、蓋をして保温してください。

（レシピ・編集部、写真・小林キユウ）

いもの香りを楽しんで **水あめ料理**

いも風味のホットドリンク

きな粉牛乳

水あめにきな粉を混ぜたものや、きな粉あめを作り終わった鍋に牛乳を入れて温め、混ぜて溶かす

駄菓子屋にあったあの味

きな粉あめ

6をさらに煮詰めたものにきな粉を入れて耳たぶくらいのかたさにする。球状や棒状にして冷蔵庫で冷やす

ノドがイガイガしたらコレ！

大根あめ

角切りの大根が浸かるくらい水あめを入れ、1～2日おく。大根は取り出し、湯を入れるか、小さじ1杯程度を日に何度か飲む

しぼりかす利用の簡単おやつ

スイートポテト

4のしぼりかすにバター、砂糖、牛乳、塩を混ぜて丸め、アーモンドなどをのせ、オーブントースターで約10分焼く

第3章

じゃがいもの料理・おやつ

じゃがいもの料理

ほんのりと
じゃがいもの香り♪

（写真／料理・小倉かよ（以下O））

夏はザルうどんがおいしい（O）

じゃがいもうどん

長崎●永江タカ子

え!? これがじゃがいも？
コシの強い本格的なうどんになります

材料（4人分）

じゃがいも　300g
小麦粉（強力粉）　300g
塩　9g

作り方

1　じゃがいもは皮をむいて蒸し、熱いうちにつぶす

2　**1**に小麦粉、塩を入れて、混ぜ合わせるようによくこねる

3　ぬれ布巾をかぶせて、1時間くらい寝かせる

4　耳たぶのようにプリンプリンになったら麺棒で薄くのばし、適当な大きさに切る。たっぷりのお湯で手早く茹で、冷水で洗う

5　かけうどん、ザルうどん、好みのつゆでいただく

　見た目は普通のうどんですが、なんと、じゃがいもがたっぷり練り込んであるのです。意外にもしこしことコシが強く、喉ごしもよくおいしい。
　秘訣は、せっせと一生懸命こねること。手が疲れたら、ナイロン袋に入れて、足でつぶしてもOK。その場合、寝かせるときは袋に入れたままで結構。寝かすのに1時間も待っていられないという方は、生地を低温のコタツに入れたり、閉め切った車の中に放置したりすれば15分から30分ですみます。

ビールのおつまみにぴったり

じゃがいものカラフルピクルス

スパイシーで箸がとまらない！
隠し味のカレー粉がポイント

山梨●岡部美ゆき

材料（4人分）
じゃがいも　200g（煮崩れしにくい品種がおすすめ）
【ピクルス液の材料】
酢　100mℓ
水　300mℓ
砂糖　60g
塩　大さじ1杯
カレー粉　小さじ4分の1杯
唐辛子　少々

作り方
1　じゃがいもの皮をむき、5㎜くらいの厚さに切る
2　たっぷりの水で煮崩れしない程度に茹で、芯がなくなったら湯を切る
3　ピクルス液の材料を鍋に入れ、5分くらい沸騰させる
4　茹でたじゃがいもを熱いピクルス液に漬ける。冷めればすぐに食べられる。冷蔵庫に入れておけば1週間ほど保存可能

　私たちほくほく農場では、野菜や米を栽培し、地元のファーマーズマーケットで販売しています。近くのお店から「地元野菜を使ったおつまみをメニューに入れたい」と依頼されて考えたのが、このカラフルポテトのピクルスです。
　味は、さわやかな酸味と甘みにスパイスがきいているという感じ。カレー粉や唐辛子を加えているので、ビールのお供にぴったりです。

私が使う品種。どれも煮崩れしにくく、とくにシャドークイーン（紫色）とノーザンルビー（ピンク）は酢に漬けると色鮮やかになり、ピクルスにぴったり

じゃがいも床

え!? じゃがいもで漬物が作れる?
じゃがいもの甘みでまろやかな味

（写真・小林キユウ、以下77ページまですべて）

広島●菅原敏子

材料

じゃがいも　2個（250g）
ざらめ　150g
塩　100g
ミョウバン（お好みで）　1.5g
赤唐辛子　1本
漬ける野菜　きゅうり、なす、大根、小松菜、白菜など好みで

作り方

1　じゃがいもの皮をむいて乱切りにし、水から茹でる。やわらかくなったらお湯を捨て、すりつぶす
2　熱いうちにざらめ、塩を入れて手早く混ぜる
3　人肌に冷めたらミョウバンと赤唐辛子を加えて混ぜて完成
4　きゅうり1本に小さじ2杯程度を塗り付けてポリ袋に入れ、冷蔵庫で一晩寝かす

※じゃがいも床は保存容器に入れて冷蔵庫に保存すれば1年近くもつ
（レシピは編集部作成。じゃがいも床は福島県会津地方に伝わる料理）

　じゃがいも床は、テレビで放映されているのを見て真似してみました。畑で小さなクズいもがどうしてもできるので、それを使いたかったからです。
　不思議とすぐに漬かり、それでいて長持ち。塩だけでもむよりも野菜がしっかりしたままです。私は大抵、浅漬けで食します。
　きゅうりは緑が鮮やかですし、なすは黒の光沢がきれいです。お茶請けに、お酒のつまみに。みなさんおいしいと言ってくれます。
　漬け床に限らず、料理にも使用します。野菜炒めや煮しめや炊き込みご飯やスープにも。短時間で味が染み込みやすくなります。

漬け床と野菜をポリ袋に入れて密閉し、冷蔵庫へ。塩麹のように肉や野菜の味付けに使ってもいい

(レシピ・編集部、以下74ページまで)

だしもち

すりおろしたいもの食感が独特
汁はトロリとなめらかです

材料 (4人分)

じゃがいも　4個
長ねぎ　1本 (斜め切り)
だし汁　4カップ
醤油　大さじ3
塩　小さじ2/3

作り方

1　いもの皮をむいておろし金でおろしてから、布巾に包んでよくしぼる。しぼり汁はボウルに受け、しぼりかすも捨てない

2　しぼり汁を5分ほどおくと下にでんぷんが沈む。上澄みは捨て、残ったでんぷんに**1**のしぼりかすを加えて手で混ぜ合わせ、団子に丸める

3　だし汁を煮立て、**2**の団子を入れる。浮いてきたら醤油と塩で味つけし、ねぎなどを散らす

※生すりもち、またはふきんこもちとも呼ぶ

いもなます

甘酢っぱくシャキシャキの歯ごたえ
北信州のハレの料理

材料 (4人分)

じゃがいも (男爵)　2～3個 (約500g)
植物油　大さじ1
酢　大さじ2
砂糖　大さじ3
塩　小さじ1/2

作り方

1　いもは皮をむき、できるだけ細いせん切りにし、水に放して2時間以上 (できれば一晩) さらしてでんぷんを取り除く。途中、水を替える

2　いもをザルにあげて水をしっかり切る

3　鍋に油を熱し、いもを入れて炒め、全体に油が回ったら酢を入れる。さっと混ぜたら、砂糖、塩の順に加え、中火で水分がなくなるまで炒める

いもかん

福島発、醤油味が新鮮！
さっぱり味の和風ポテトサラダ

材料（2人分）

じゃがいも　2個（茹でて皮をむいてつぶす）
にんじん　1/3本（みじん切り）
ごぼう　1/4本（みじん切り）
長ねぎ　1/2本（小口切り）
植物油　小さじ2
砂糖　小さじ1/2
醤油　小さじ1

作り方

1　フライパンに油を熱し、にんじん、ごぼう、長ねぎの順に炒め、つぶしたいもの中へ入れて混ぜる

2　砂糖、醤油で味をつけ、混ぜ合わせる

いも飯《めし》

もとはいも入りのかて飯※1
じゃがいもとご飯が
意外と合うのです

材料（4人分）

米　2合
じゃがいも※2　1～2個（約150g）
塩　小さじ1/5

作り方

1　じゃがいもを7～8㎜の角切りにして水にさらす

2　洗った米といもを合わせ、塩を入れ、普通の水加減で炊く

※1　かて飯とは、米の節約のために雑穀や野菜などで量を増やして炊き込んだご飯。いも飯はドライカレーのときのご飯にしてもおいしい

※2　ここでは、黄色が濃い品種「インカのめざめ」を使用。普通のじゃがいもでよい

（レシピ・草木堂野菜店）

トマト肉じゃが

トマトの酸味で洋風の味に
さっぱり食べられる肉じゃが

材料（4人分）

トマト　4個（ざく切り）
じゃがいも　2個（一口大に切る）
玉ねぎ　1個（くし形切り）
いんげん　8本（3等分する）
豚バラ薄切り肉　160g（2〜3㎝に切る）
酒　大さじ3
砂糖、みりん、醤油　各大さじ2
植物油　大さじ1

作り方

1　鍋に油を熱し、豚肉、じゃがいも、玉ねぎを入れて炒める。油がまわったら、トマトと酒を加え、煮立てる

2　砂糖、みりん、醤油を加え、落とし蓋をして弱火で10分煮る

3　いんげんを加え、5〜7分煮る。汁ごと器によそって食べる

教えてもらいました

うちのポテトサラダ

いつものポテトサラダもいいけど、
たまにはちょっとアレンジして
楽しみませんか？
わが家のポテサラ、聞いてみました。

まとめ・編集部

じゃがいもを皮付きのまま4つ切りにして茹で、皮をむいてつぶす。そこに塩、こしょう、オリーブオイル、レモン汁を入れて混ぜ、かくし味程度に砂糖を足す。刻んだイタリアンパセリを混ぜて。（30代・女性）

イタリアンパセリは
ぜひフレッシュを！

アボカドが
調味料的な役割に

じゃがいもを茹でたらマヨネーズ、塩、こしょうで和える。適当に切ったアボカドにレモン汁をかけていもに混ぜる。（40代・女性）

具はいもが
超アツイうちに
入れよう

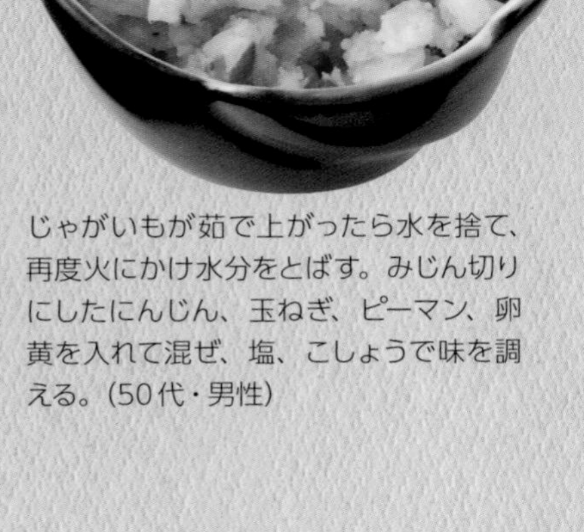

じゃがいもが茹で上がったら水を捨て、再度火にかけ水分をとばす。みじん切りにしたにんじん、玉ねぎ、ピーマン、卵黄を入れて混ぜ、塩、こしょうで味を調える。（50代・男性）

彩りに
パセリやバジルを
お好みで

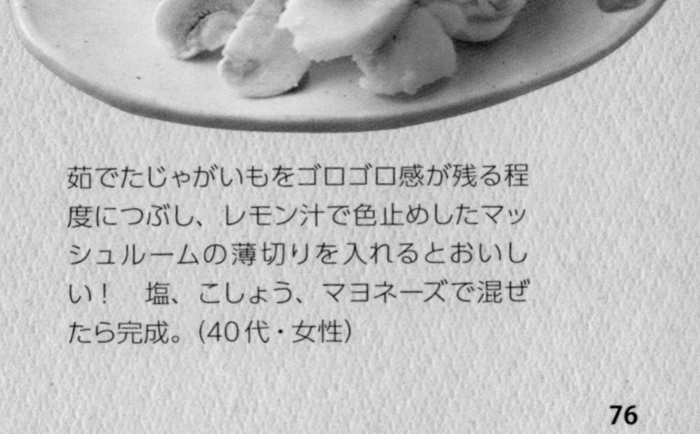

茹でたじゃがいもをゴロゴロ感が残る程度につぶし、レモン汁で色止めしたマッシュルームの薄切りを入れるとおいしい！　塩、こしょう、マヨネーズで混ぜたら完成。（40代・女性）

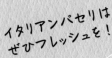

クミン、チリを入れると
スパイシーに

じゃがいもを蒸して串が通ったら、にんじん、ブロッコリーも蒸し器に追加。ブロッコリーはかためだに。全部すり鉢に移し、レモン汁、白ワインビネガー、塩、こしょうを入れてすりこぎでつぶしながら混ぜます。(30代・女性)

塩もみきゅうりとフレッシュのディル、ツナをボウルに入れ、皮をむいた蒸したての男爵、マヨネーズ、塩、黒こしょう、オリーブオイルを入れ、木べらでひたすらつぶします。(40代・女性)

あれば仕上げに
コリアンダーシードを

かんきつ果汁で
香りがよくなる

じゃがいもと刻んだにんじんを蒸し、いもを粗くつぶして塩、レモンをしぼっておく。かた茹で卵、刻んで焼いたソーセージ、茹でたマカロニ、塩もみ玉ねぎを加え、マヨネーズとこしょうで混ぜる。(50代・男性)

玉ねぎは軽く
しぼってから

じゃがいもは蒸したら皮をむいてつぶし、塩、こしょうかマヨネーズで味つけ。きゅうりはスライス。玉ねぎもスライスして、蜂蜜&酢でもんでおく。じゃがいもが冷めたら、玉ねぎときゅうりを混ぜてできあがり。(30代・男性)

さつまいもは
かぼちゃでもOK

じゃがいもを茹で始め、追ってサイコロ状に切った皮つきのさつまいもを投入。じゃがいもは食感が残らない程度、さつまいもは残る程度につぶし、塩、こしょう、マヨネーズで味つけ。レタスに盛りつけます。(20代・女性)

じゃがいものおやつ

(O)

あとひくうまさ!

袋をシャカシャカ振れば、
砂糖がいきわたる（O）

ジャガ丸君

長野●平林律子

あつあつの揚げたてがおいしい！
子供にも大人にも大人気

材料

じゃがいも　300g
（小いもはそのまま使い、大きいいもは2㎝角に切る）
塩　30g
砂糖　少量
小麦粉、ベーキングパウダー　適量
（衣用。蒸しパンの素やホットケーキミックスでもOK）

中のじゃがいもはほんのり塩味、それでいて外の衣は甘い。この味の組み合わせがおいしさの秘密。ふっくらとした衣の食感も気持ちいい。大人にはお茶請けとして、子供にはおやつとして、広く喜ばれています。

作り方

1　沸騰したお湯に塩を入れ、いもを茹でる
2　いもに串が通るぐらいになったらザルにあげておく
3　小麦粉に砂糖とベーキングパウダーを少し混ぜ、水でとき、どろどろの衣を作る
4　茹でたいもを衣にくぐらせ、高温の油でさっと揚げる
5　油からいもを取り出し、乾かす
6　揚げたいもを10個ほどビニール袋に入れて、砂糖を小さじ1杯ふる（好みによって、砂糖といっしょにシナモンや抹茶の粉を加えてもよい）
7　砂糖がまんべんなくいきわたるように袋をシャカシャカ振ればできあがり

焼き立てがおすすめ

(O)

じゃがいももち

長野●沢木三千代

もちもちの食感がクセになる
味付けをアレンジしても楽しい

材料

じゃがいも　1kg
片栗粉　1袋（300g）
砂糖、醤油　適宜

作り方

1　じゃがいもの皮をむき、乱切りにして茹でる
2　串が刺さるまで火が通ったら、茹で汁を捨て、冷めないうちにすりこぎなどでつぶす
3　2に片栗粉を入れてこねる
4　3を3～4等分し、それぞれラップで包み、太巻き寿司のように棒状にする
5　粗熱がとれたら、1cmぐらいの厚さで輪切りにし、油をひいたフライパンで焦げ目がつくまで焼く
6　砂糖醤油をかける

お茶請けのときに作ると喜ばれます。冷凍しても大丈夫なので、1cmぐらいの厚さに切って冷凍しておけば、いつでもすぐにフライパンで焼けます。食べるときは、砂糖醤油でもいいですし、五平もちのたれ、きな粉、なんでも合います。チーズをのせて、ピザのようにレンジで焼いても合うと思います。

ラップに包んで棒状にする

つぶしたじゃがいもに片栗粉を入れてこねる

芙蓉子さんが作ったアイス。じゃがいも（エダマメ入り）、さつまいも（白）、かぼちゃ（黄色）、いちご（ピンク）（写真・田中康弘、下の写真も）

絶品！　手作りいもアイス

新潟●高橋芙蓉子

材料

いも（じゃがいも、さつまいも、かぼちゃ）　適量
牛乳　適量
生クリーム　100㎖
砂糖　70～100g
（好みで）バニラエッセンス　少々

一口食べると、じゃがいもだとすぐにわかるほど、濃厚ないもの味と香り！　それが甘くて冷たいアイスに見事にマッチして、これはおいしい。

この手作りアイスは、ずっと前から高橋家ではおなじみの味。とくに、お盆にたくさん作っておいて、帰省する孫やひ孫と一緒にみんなで食べるのが、芙蓉子さんは毎年とても楽しみなのだそうだ。

「野菜ならだいたい何でもアイスにできる」と芙蓉子さん。じゃがいもなんか、むしろ古くなってしわの寄ったいものほうが、甘く仕上がっておいしいそうだ。（文・編集部）

作り方

1　いもは下茹でしてやわらかくしておく。煮汁はとっておく

2　茹でたいもをミキサーの半分くらいまで入れる。煮汁をヒタヒタになるくらいまで入れ、さらに野菜が見えなくなるまで牛乳を足す

3　生クリーム、砂糖、好みでバニラエッセンスを加え、5～10秒ほどミキサーを回す

4　蓋付きカップに移して、冷凍庫に入れ、固まったら完成

※煮汁を入れるのは、野菜の風味を出すため。材料の量は目安で、好みに合わせて調整を。凍ると甘さを感じにくくなるので、甘めに調整するのがコツ

高橋芙蓉子さん（79歳）。アイスの作り方は料理教室で教わった

カラフルないもが
手に入ったら
やってみて

（写真・佐々木郁夫）

カラフル！　じゃがいもようかん

北海道●鈴木能里子

これがじゃがいも？ みんなびっくり
小豆のようかんより簡単です

材料

（じゃがいも一品種当たり）
じゃがいも　1kg
粉寒天　6g
上白糖　450 ～ 500g（甘さ加減はお好みで）

作り方

1　じゃがいもの皮をむいて茹で、ザルでこす（600 ～ 700gになる）
2　水150ccに粉寒天を入れ、中火にかけてドロドロになるまで煮溶かす
3　**2**の中に上白糖を入れてきれいに溶かす
4　こしたじゃがいもを加え、15分ほどよくかき混ぜる
5　バットなどの容器に入れて冷まし、半日ほど待つとできあがり

多品目のじゃがいもを生産する中で、こんなに色とりどりなんだから、何かお菓子とかできないものかと、畑で草取り仕事をしながら考えたのが、このカラフルようかんです。紫はシャドークイーン、黄色はインカのめざめ、ピンクはノーザンルビーを使用しています。

いもにでんぷん質があるせいか、練る時間は小豆ようかんの何十分の一の短い時間でできます。固まるのも早く、夜にバットに流しておくと、次の日の朝に固まります。

食感は小豆のようかんとは違ってサクッとしていて、いもの風味があります。しかも冷めるほどに色は濃くなります。家に来るお客さんに出すと、みんな驚きます。そんなひとときを楽しんでいます。

カラフルポテトを色落ちさせない加工法

●綿貫仁美

カラフルポテトの色の性質

赤や紫のじゃがいもに含まれる色素はアントシアニンといい、いちごや赤大根、赤しそ、紫さつまいもなどに含まれるのと同じ色素です。

この色素は水に溶けやすく、溶液を酸性にすると鮮やかな色になります。pH3程度の酸性溶液では、赤系じゃがいもの色素は赤橙色を示して赤大根の色に近くなり、紫系は赤紫を示して赤しその色調に近くなります。色が濃ければ濃いほど色も鮮やかで安定し、温度が低いほうが色が鮮やかになります。

ただ、紫さつまいもの色素に比べると安定性が悪く、調理や加工をすると退色しやすい特徴があります。

インカのめざめ（黄色）

ノーザンルビー（赤色）

キタムラサキ（紫色）

シャドークイーン（濃紫色）

濃い黄色のじゃがいもに含まれるのはカロテノイド系色素です。赤や紫の色素とは異なり、調理や加工であまり変色はしません。油に溶けやすく、水には溶け出しません。

赤や紫のじゃがいもの味は普通ですが、インカのめざめに代表される黄色のグループは滑らかな食感があり、低温貯蔵すると、ショ糖が増加して甘くなり、栗に近い風味が味わえます。

赤や紫のいもの調理は？

▼煮る調理法は不向き

水に溶けやすいアントシアニン色素を含む赤や紫のじゃがいもは、長い時間茹でるとくすんだ灰色に近い色調になってしまいます。肉じゃがや味噌汁などの煮る調理方法には不向きです。

▼酢を加えて茹でるといい

やむなく茹でる場合、サッと茹でるくらいであれば色落ちは少なくてすみます。このとき一緒にお酢を加えることにより色が鮮やかになります。これは酸性で発色がよくなる性質を利用したものです。水1ℓに大さじ1程度のお酢（レモン果汁も可）を加えるとよいでしょう。

▼牛乳や砂糖との相性もいい

牛乳や砂糖との相性もよく、ヴィシソ

カラフルポテトの調理例

ムース

じゃがいもを牛乳と上白糖で煮込んだあとにフードプロセッサーにかけ、ゼラチンと生クリームを加えて冷蔵庫で冷やし固めた

炒め物

炒める、揚げる、蒸すなどの水に触れない調理だと、赤・紫系でも色があせない

サラダ

沸騰させたお湯に酢を加え、千切りじゃがいもを歯ごたえが残る程度に茹で、ドレッシングで和えた

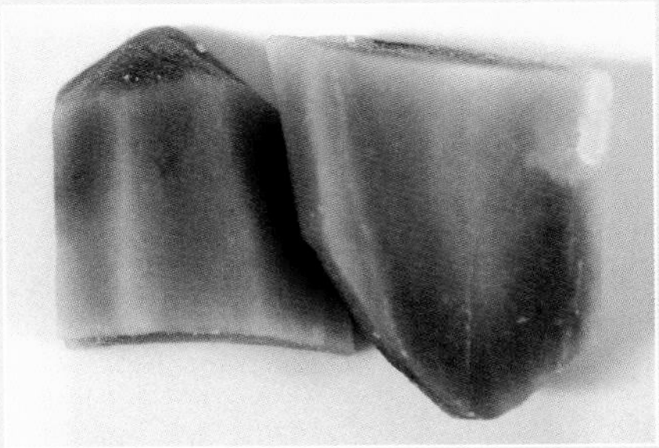

水で煮たノーザンルビー。赤色が水に溶け出してしまい、くすんだ灰色に

ワーズ（じゃがいもの冷製ポタージュ）やムースにすると淡い優しい色合いとなり、安定性も保たれます。しかし、重曹やベーキングパウダー、卵白といったアルカリ性の材料と合わせると緑色に変色するので注意が必要です。

▼油を使う料理にも向く

炒める、素揚げにするといった油を使った調理では色落ちは少なく、適性があるといえます。

濃い黄色のいもの調理は？

▼色は気にしなくてよいが、シンプルな味付けに向く

濃い黄色のじゃがいもは色素が安定しているので、色を生かす調理方法としては向き不向きがあまりないといえます。特徴のある味を持っているため、塩やこしょう程度のシンプルな味付けが向いているようです。

▼ようかんなどのお菓子もいい

また、濃黄色系のポテトは特にお菓子の加工に適性があります。インカのめざめを代表とするこれらのカラフルポテトでは、栗のような風味と滑らかな舌触りを生かし、モンブランやようかんなどの菓子類にも適しています。

（東京家政学院大学　現代生活学部　健康栄養学科）

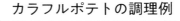

三色ポテトチップス。赤色の品種は西海31号、黄色はインカのめざめ、白はキタアカリ
（レシピ・栗山淳、写真・神戸圭子、以下この記事すべて）

かわいい
トルネードポテト
も作れる！

ポテトチップス

揚げたてのおいしさを味わえるのは、
手作りだけ！

ポテトチップスには掘りたてのいもが最高！

おいしいポテトチップスを作る最大のコツは、でんぷんが多く、糖が少ないいもを使うこと。でんぷんが多いと、カリッサクッとした食感になる。市販のポテトチップスには、でんぷんの多い加工用品種が使われている。

一般的に栽培されている生食用の品種は、加工用品種に比べると糖分が多いが、掘りたてはでんぷんの割合が高い。ポテトチップスを作るなら、掘りたての新じゃががおすすめだ。

貯蔵期間が長くなり、いもの糖分が増えると、揚げたときに焦げやすく、焦げた味になっておいしくない。冷蔵庫などの低温で貯蔵すると、特に糖分が増えやすい。

糖分の多いいもをポテトチップスにする場合は、スライスした後に40～85℃の湯に1～3分浸けると、糖が抜けて焦げにくくなる。

ポテトチップスができあがったら、塩と一緒に青のり、カレー粉、レッドペッパーなど、好みの粉をまぶして味付けするのもおいしい。

ポテトチップスの作り方

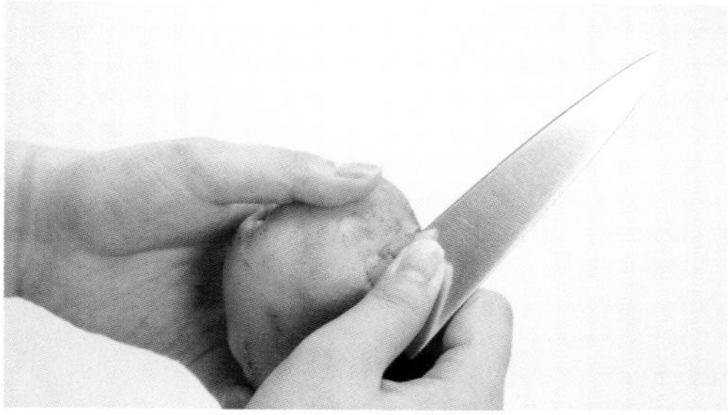

1 いもを洗い、芽や汚れがあるときは、包丁でとる。皮は基本的にむかなくていいが、光に当たって緑になりかけた皮は毒があるので、厚めにむく

2 スライサーで1㎜ほどの厚さにスライスし、水にくぐらせる

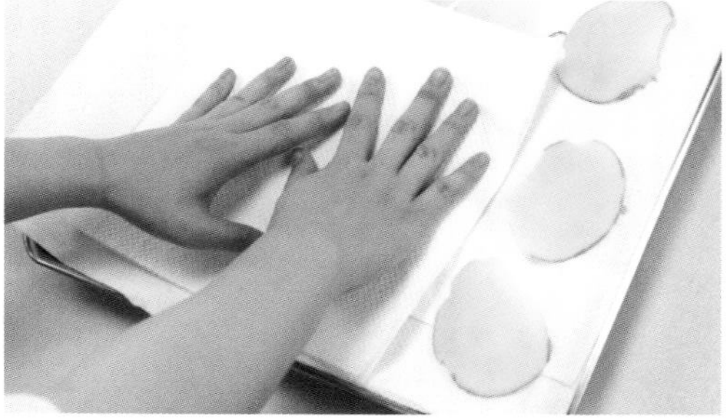

3 キッチンペーパーで水分を1枚ずつしっかりふきとる

4 天ぷら鍋や深めのフライパンなどに油を多めに入れ、180℃に温める。油にいもを2～3枚ずつ入れていく（油がふきこぼれたり、いも同士がくっつかないように注意しながら）。油の温度が下がらないように火加減を調節する

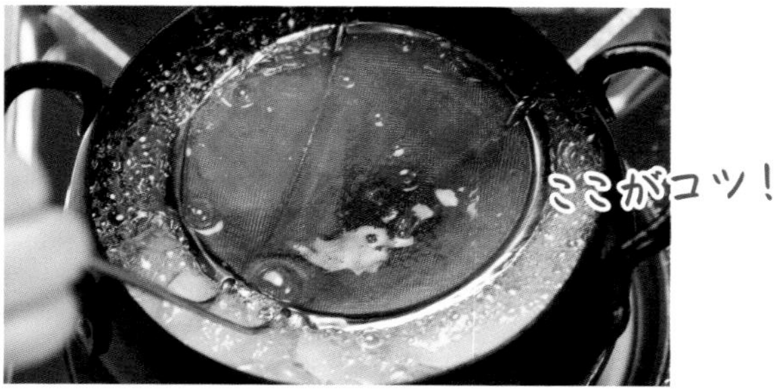

5 揚げる途中でじゃがいもが浮いてくるので、網で上から押さえつけて全体に熱が通るようにする。大きかった泡が小さくなって、うっすら揚げ色がついてカサカサした感じがしたらできあがり。揚げ時間の目安は1分40秒～数分

6 油を切って、キッチンペーパーを敷いたバットの上にあげ、熱いうちに塩をふる

ポテトチップスを
もっと知りたくなったら

『イチからつくる ポテトチップス』
（岩井菊之編、農文協刊、2500円＋税）

じゃがいも、塩、油……ポテトチップスを材料から手作りに挑戦！ ポテトチップスの歴史や世界のじゃがいも食文化、世界の農業事情まで深められる一冊

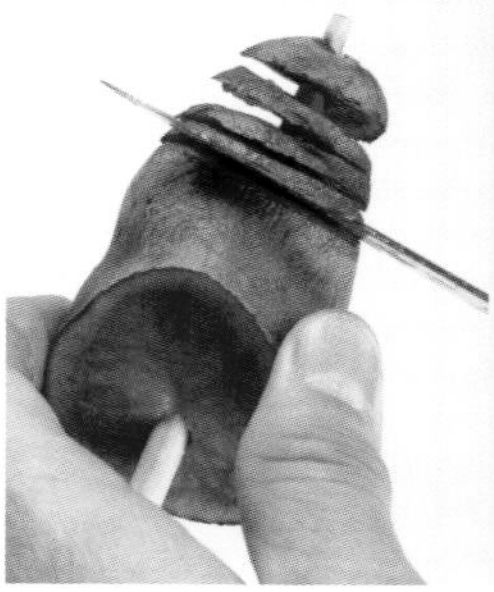

トルネードポテトの作り方

半分に切ったじゃがいもの中心に丸箸や竹串をさし、箸に当たるまで包丁の刃を入れ、いもを回転させながら薄くらせんに切っていく。油の中で回しながらじっくり揚げる

うめぇよ　じゃが棒

ポリポリとした食感がやみつきに
いもの甘みをほんのり感じます

（レシピ・谷川ゆかり、
写真・寺澤太郎）

材料（20㎝のスティック約20本分）

じゃがいも　50g（蒸してつぶす）
植物油　20g
A ┌小麦粉　30g
　│全粒粉　20g
　└塩　小さじ1/4
玉ねぎ　小1個（約100g※）（みじん切り）
塩　小さじ1/6
好みで黒こしょう　適量

※炒めて20gあればよい。余ったらカレーなどに使う

作り方

1　フライパンに適量の油（分量外）をひき、玉ねぎをしんなりするまで炒める。塩を加えて混ぜ、火から下ろして冷ます

2　ボウルにAを入れて泡立て器でよく混ぜる

3　**2**にじゃがいもと油を加え、手ですり混ぜてなじませる。**1**を20g加えてゴムべらでさっくりと混ぜ、ひとまとめにする。いもが熱いうちに混ぜるとなじみやすい

4　生地を1㎝厚さにのばして好みでこしょうをふる。包丁で1㎝幅に切り、手のひらで転がしてひも状にのばす

5　オーブンシートを敷いた天板に並べ、170℃に予熱したオーブンで10分、150℃に下げて10～20分焼く。太さによって焼ける早さが違うので、焼けた順に取り出す

※好みで生地にカレー粉や青のりを混ぜてもおいしい

じゃがいもドーナツ　広島●杉原八重子

もっちりふんわり、優しい味
時間がたってもかたくなりません

（写真・倉持正実）

材料

じゃがいも　500g
バター　90g
スキムミルク　50g
卵　1個
牛乳　1カップ
ベーキングパウダー
　小さじ1/2
蒸しパンミックス
　600g
（好みで）砂糖

作り方

1　じゃがいもを蒸してつぶす

2　バター、スキムミルク、卵、牛乳、ベーキングパウダーを加えてよく混ぜる

3　蒸しパンミックスを入れてサクサクと混ぜ、ドーナツ型で抜いて揚げる

4　好みで砂糖をまぶす

第4章

里いもの料理・おやつ

里いもの料理

小麦粉いらずの
ホワイトソース

（調理/写真・小倉かよ、以下O）

里いものグラタン　● JAいるま野

一度食べるとクセになる！　ヘルシーな和風グラタン

材料（4人分）

里いも　5～6個（500g）
長ねぎ　1本
鶏もも肉　100g
とけるチーズ　100g
バター　20g
牛乳　2～3カップ
コンソメ　1個
塩こしょう　少々
片栗粉　大さじ2～3

作り方

1　里いもは皮をむいて5㎜～1㎝の輪切りにし、竹串がすっと通るまで茹でる。電子レンジで加熱後、皮をむき、輪切りにしてもよい（里いも1個につき約1分）

2　長ねぎは3～4㎝の長さに切り、それぞれタテに4等分する。青い部分はみじん切りにする

3　鶏もも肉は一口大に切り、バターで炒め、塩とこしょうをふる

4　鶏肉の色が変わったら、長ねぎを加える。長ねぎがしんなりするまで炒め、里いもを加える

5　そこに牛乳を加え、コンソメ、塩こしょうで味を整え、水に溶いた片栗粉でとろみをつける。バター（分量外）を薄く塗ったグラタン皿に流し入れ、チーズをかける

6　200℃に温めたオーブンで焼き色がつくまで焼く。オーブントースターで加熱してもよい。色と味にアクセントをつけるためにパセリなどをかけてもよい

小麦粉から作るホワイトソースはダマになりやすく、作るのも大変。里いものぬめりを上手に使えば、ダマ知らずのおいしいホワイトソースに仕上がります。

コンソメの代わりに味噌や醤油で味付けすると和風に仕上がり、ひと味違ったおいしさを楽しむことができます。

かつお節の
旨みで
ソース不要

（O）

里いもコロッケ

熊本●坂本栄子

しらすとかつお節が香ばしい！

材料（4～5個分）

里いも　1kg
しらす　軽く一握り
細ねぎ　適量
小麦粉、卵、花かつお（衣用）

作り方

1　里いもを茹で、皮をむく
2　**1**をつぶし、しらすと細かく刻んだ細ねぎを加えて混ぜ合わせる
3　**2**を丸めて、小麦粉、卵、花かつおの順で衣づけ
4　180℃の油でカラッと揚げれば、できあがり

茹でてつぶした里いもに、しらすぼしと細ねぎを加える

私は農協女性部の部長をしており、ときどき行なわれる郷土料理講習会で里いもコロッケを紹介します。とても人気の料理です。

忙しいときには、赤くて大きい親いもの皮をむいて切り、塩をちょっと入れて湯がいたものを使います。小さい子いもは皮ごと湯がいてから皮をむいてつぶします。親いもと子いも、どちらでもいいのですが、子いもはねばりがあり、親いもはほくほくしています。

衣にかつお節を使いますので、パン粉より香ばしく、最高においしいです。みんな喜んで食べます。一度、作って食べてね！

秋の食材たっぷり

(O)

里いもご飯　愛媛●石水ヒデ子

具を炒めてから炊くのがおいしさの決め手

材料（4人分）

米　700g（約5合）
里いも（皮をとったもの）500g
ごぼう　中1本
にんじん　中1本
鶏肉　300g
しいたけ　5枚
油揚げ　1/2枚
グリーンピース　少々
醤油　90cc
酒　30cc
砂糖　大さじ1
サラダ油　大さじ1

作り方

1　米を洗っておく。材料はすべて食べやすい大きさに切る

2　米を除いたぜんぶの具をサラダ油で炒め、醤油、酒、砂糖を入れて味を付けておく

3　炊飯器に米と、炒めた具を入れて炊き上げる（水の量は5合分）

　平成３年、県の産業文化祭りで大々的に販売したのが今回紹介する「里いもご飯」です。私が愛媛県生活改善グループの会長をしていた平成11年まで毎年続けられ、大好評の料理でした。

　作り方はいたって簡単で、コツといえば、炊飯器で炊く前にぜんぶの具を一度炒めておくくらい。こうすると味がぐんとよくなります。

　最近、里いものぬめりが脳の活性化に効果があるといわれて注目されています。里いもご飯をたくさん食べて健康になってほしいと思います。

（O）

里いものオランダ煮

富山●嶋 晴美

外はサクッ、中はほくほく

材料

里いも　500g
片栗粉　大さじ2
めんつゆ　50cc
ねぎ　適量

（分量はできあがりの写真を基準にしています）

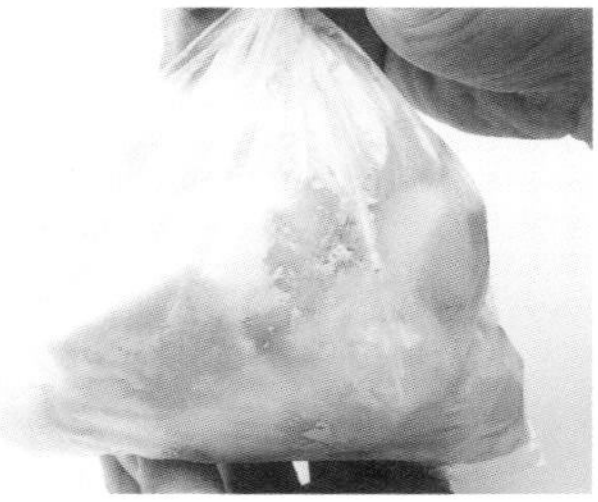

ビニール袋の中で、片栗粉をまぶせば手間いらず

作り方

1　里いもの皮をむき、竹串が刺さるぐらいまで茹でる
2　茹でた里いもをザルにあげ、水気を切る
3　ビニール袋に里いもを入れ、表面に片栗粉をまぶす
4　油でさっと揚げる
5　鍋にめんつゆを入れ、火にかける
6　揚げた里いもを**5**の鍋に入れ、絡める
7　皿に盛って、刻みねぎを振りかける

　オランダ煮は、食材を油で揚げた後に調味料で煮る料理です。うちでとれる里いもで試したところ、意外と合いました。
　里いもは一度茹でてから揚げますが、レンジでチンしてもOK。皮をむかずにそのまま使う方法もあります。その場合、強めに揚げるのがコツ。皮がカリカリになり、歯ざわりがよくなります。皮も案外いけるんです。油ものが苦手な人でも、ねぎの風味と揚げた里いもの香ばしさにつられて、喜んで食べてくれます。

里いもと焼鮭のハンバーグ

静岡●岡田涼子

焼きたてが最高！
ヘルシーだけど食べ応え十分

材料（2人分・6個）

里いも　300g
長ねぎ　1/ 2本
焼鮭（ほぐし身）　50g
こしょう　少々
油　大さじ1
塩　適宜

作り方

1　里いもを洗い、皮付きのまま鍋に入れ、かぶるくらいの水を入れて茹でる。竹串がスッと通るようになったら取り出し、熱いうちに皮をむいてつぶす。長ねぎはみじん切りに

2　つぶした里いもに、長ねぎ、焼鮭、こしょうを入れてよく混ぜる。味が薄ければ、塩を足す

3　**2**を6等分して、手に水をつけながら成形する

4　熱したフライパンに油を入れ、中弱火で両面に軽く焼き色がつくまで焼く

※チーズを加えたり、パン粉をつけて揚げてコロッケにアレンジしてもおいしい

　里いもは茹でてつぶすと、ほくほく、ふわふわと楽しい食感。その食感を生かした、ヘルシーなハンバーグです。味付けは焼鮭の塩気だけ。里いもの味や香りが引き立ちます。

　あらかじめたくさん作り、成形して冷蔵庫で保存すると、焼くだけですぐ食べられるので便利。その場合は、中までしっかり温まるよう、蓋をして弱火でじっくりと焼きます。冷めてもおいしいのでお弁当のおかずにも。

里いもの塩辛のせ

東京・八丈島の郷土料理
いものおいしさが決め手

材料

里いも（小）　適量
イカの塩辛　適量

作り方

1　いもはきれいに洗い、上を切り落とし、皮つきのまま蒸す

2　皮をむいて塩辛をのせて食べる

※本来は、島の里いもとカツオの塩辛で食べる

（レシピ・編集部、写真・小林キユウ、スタイリング・本郷由紀子、次ページまで）

いも煮

宮城県や山形県では秋になると河原でいも煮会が開かれます
これは山形県米沢のレシピです

材料（4～5人分）
里いも　6～7個
牛バラ薄切り肉　150g
（食べやすい大きさに切る）
板こんにゃく　1/2枚（手でちぎる）
舞茸　100g（小房に分ける）
長ねぎ　1本（斜め切り）
水　4カップ
砂糖　大さじ1と1/3
醤油　1/4カップ
酒　大さじ2

作り方

1　里いもは皮をむき、食べやすい大きさに切る。鍋に入れ、水を加えて火にかける。醤油を少量入れると泡が立たない

2　やわらかくなったらこんにゃくと舞茸を加える

3　牛肉を加えて色が変わったら、アクを取り、砂糖、残りの醤油、酒を入れて煮る

4　最後にねぎを加え、ねぎがやわらかくなるまで煮る

里いものおやつ

(O)

里いもが
デザートに！
お正月にも

里いもきんとん　長崎●中村ハル子

里いもの上品なきんとんと、フルーツの相性は抜群！
一度お試しあれ

材料（4人分）
里いも　750g
砂糖　80g
酒　40cc
バニラエッセンス　少々
りんご　1/2
干しぶどう　30～40g
旬の果物　適量

作り方

1　里いもを洗って、皮をむき、圧力釜でシュッシュと湯気が出るくらいまで蒸す（箸が通るぐらい）

2　里いもが熱いうちにすり鉢でよくつぶし、なめらかになるまでする

3　すりながら、砂糖と酒を3回に分けて入れる（一度に入れるより、均一に混ざる）

4　**3**にバニラエッセンスと干しぶどうと小さくイチョウ切りにしたりんごを入れて、混ぜる

5　器に盛り、果物を飾る

　里いもきんとんは、白っぽい生地にりんごや干しぶどうが入っていて、きれいです。刻んだ干し柿を入れることもあります。バナナや柿やキウイなど、そのときある果物も一緒に飾れば、目でも楽しめます。
　また、練るとき、お酒も少し入れているので、腐敗を防ぎ、冷蔵庫で何日かは持ちます。
　地域の集まりなどで振る舞うと「野菜がデザートになるんだ」と喜んでくれたり、「こんなに粘るから、米粉を入れてるのかと思った」といって驚いてくれます。

つぶした里いもに、りんごや干しぶどうを混ぜる

（写真・キミヒロ）

里いももちのおはぎ&お焼き

里いもを加えると、うるち米のおはぎがやわらかいおもちのように
軽い食感で食べやすい

材料（各6個×3種類＝計18個分）

里いも　200g
白米　1.5合
水　300mℓ
小豆あん　420g
┌ きな粉　大さじ2
│ 黒糖（粉末）　大さじ1
└ 塩　ひとつまみ
醤油　適量

作り方

1　里いもは皮をむいて一口大に切り、洗った白米、水と一緒に炊飯器に入れて炊く

2　**1**をすり鉢に入れ、熱いうちにすりこぎでつぶして粘りを出す。約750gできるので、30g×6個、40g×6個。55g×6個に分けて丸める

3　小豆あんは50g×6個、20g×6個に分けて丸める

4　**〈あんおはぎ〉**ぬれ布巾の上に**3**の50gのあんを広げ、**2**の30gのもちをのせて包む

5　**〈きな粉おはぎ〉**ぬれ布巾の上に**2**の40gのもちを広げ、**3**の20gのあんをのせて包み、形を整え、黒糖、塩を混ぜたきな粉をまぶす

6　**〈お焼き〉2**の55gのもちを小判型にし、フライパンにごま油をひいて両面を焼き、醤油を表面に塗って強火で香ばしく焼き色をつける

（レシピ／料理・江島雅歌）

（レシピ・江島雅歌、写真・小林キユウ、スタイリング・本郷由紀子）

いものクリーム3種

パンやクラッカーに合わせたい
やさしい甘さのクリーム

材料

●さつまいもクリーム

さつまいも（紫いも※1）
100g
豆乳　大さじ2
蜂蜜　大さじ1
塩　少々

※1　他のさつまいもも同様に使える

●里いもクリーム

里いも　130g
豆乳　大さじ1
きび砂糖　大さじ1

●じゃがいもクリーム

じゃがいも（男爵）　120g
豆乳　大さじ1～2
水あめ　大さじ1～2
塩　少々

作り方

●さつまいも、里いも

1　蒸して皮をむき、なめらかにすりつぶす

●じゃがいも

1　皮をむいて適当な大きさに切ってやわらかくなるまで茹でて、水分を飛ばして粉ふきにする。鍋から取り出してなめらかにすりつぶす

2　それぞれの残りの材料をすべて加えてよく混ぜる

※2　日持ちしない即席クリームなので、食べきる分だけ作る

里いものちょっとイイ話

今まで捨てていた親いもが商品に

新潟●丸山重子

里いもを収穫するとき、親いもは畑にほったらかしで肥料にしていました。あるとき、農業の先輩から「親いもって、食べられるのよ」と聞き、試しに茹でてそのまま食べてみたところ、ほくほく感がありました。これを煮物にして家族に振る舞ったところ、うまいうまいと大ウケ。

親いもを切ってから茹でて、しっかり冷めたら袋詰めをして出荷。「湯がきいも」と名づけて、それが初めて直売所に並んだときは大変うれしかったです。

お客さんから、「皮むきをしなくていいから手が痒くならないし、台所も汚れない」「ぬめりとりいらずでとても便利」「このまま冷凍すればいつでも使えて便利」「おでんと一緒に煮込めば味もよく染みる」等のお言葉をお聞きするたび、喜びでいっぱいになります。

350g入り150円で販売。今までいつも完売です。

湯がきいもの作り方

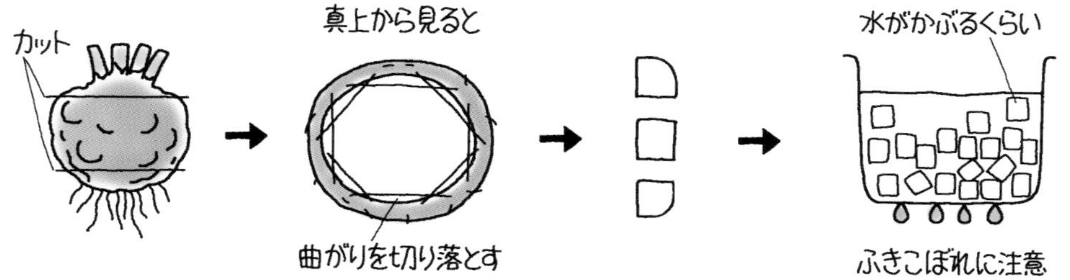
カット
真上から見ると
曲がりを切り落とす
水がかぶるくらい
ふきこぼれに注意

①茎の下と根の上を切り落とす

②皮が残らない程度に八角形に切り落とし、洗う

③おでん種にちょうどいいくらいに切り、再度水洗い

④大きな鍋に水を入れ、竹串が刺さるくらいまで茹でる。その後、しっかり冷ましてから袋詰めする

里いもは冷凍してから煮込むと、味がよく染み込む

●編集部

愛知県名古屋市の佐野和子さんに、里いもに味をしっかりと染み込ませる方法をうかがいました。まず、里いもの皮をむいて一口大に切ります。これを1回に使う分量ずつジッパー付きのポリ袋に小分けし、冷凍するのです。使うときは、自然解凍してから。おでんや煮物が短時間でできます。冷凍することで細胞が壊れ、味が染み込みやすくなるそうです。

「農家は時間がないでしょ。昼間は畑で、暗くなってから晩ご飯の支度。冷凍したものを前もって解凍しておけば、切る手間も省けるし、煮込む時間も短縮できる」

和子さんは、里いもだけでなく、大根や冬瓜も一口大に切って冷凍しているそうです。

クズいもがおやつに！ミニ里いものみたらし風味

●編集部

新潟県妙高市の丸山重子さんから2～3㎝の小さい里いもをおいしく食べる方法を教えてもらいました。

皮の付いた里いもに少し傷をつけて茹でると、皮がプチッと弾けて指で押すといもがピュッと飛び出します。その里いもに片栗粉をまぶして油でカラッと揚げ、砂糖・醤油・みりん・酒・水溶き片栗粉を適当に混ぜた甘辛醤油タレで食べるというもの。片栗粉で揚げるとカリカリになって、タレとの相性は抜群。みたらし団子からヒントを得たこの一品、「孫がおやつに喜んで食べる」と重子さんは嬉しそう。

直売所の店員さんやお客さんにも食べ方を教えたところ口コミで広まって、今では小さないもほど大人気。「そろそろ里いもの時期でしょ。準備しなくっちゃ」とお店に並べるのが今から楽しみな重子さんでした。

いもで手当て⁉ 里いもパスター

山形●阪本美苗（文）
阪本卓志（絵）

里いものすりおろしに、皮ごとすりおろしたしょうがと小麦粉を混ぜてパスター（貼り薬）にすると、打ち身やねんざ、骨折、ガンなどの腫れ物によく効きます。

里いもにかぶれてかゆくならないように、患部とパスターの両方にごま油を塗るとよいです。また、取り替える目安は約4時間ですが、それ以前でもイヤな感じがしたらすぐ取り替えます。ガンの場合に里いもパスターをすると、毒素を吸ってパスターが茶色っぽく臭くなったりすることがあります。

娘が階段から落ちて、おでこが腫れあがったときや、転んで膝を強く打ったときなど、この里いもパスターが活躍しました。また、授乳中のお母さんのおっぱいが腫れて痛みがひどいときにも里いもパスターは役立ちます。

台所にある身近な食物で手当てができるって、本当にありがたいですね。

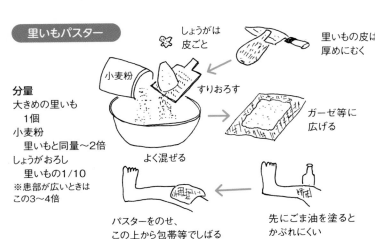

里いもパスター

分量
大きめの里いも
1個
小麦粉
里いもと同量～2倍
しょうがおろし
里いもの1/10
※患部が広いときはこの3～4倍

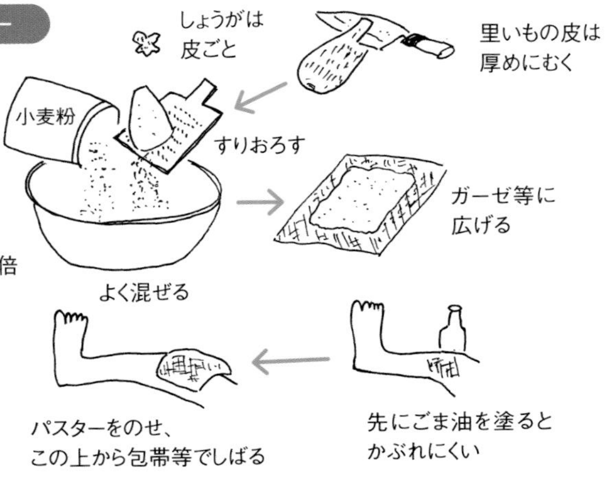

しょうがは皮ごと
里いもの皮は厚めにむく
小麦粉
すりおろす
ガーゼ等に広げる
よく混ぜる
先にごま油を塗るとかぶれにくい
パスターをのせ、この上から包帯等でしばる

第5章

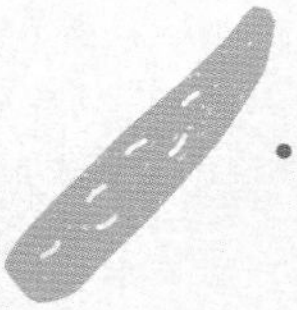

長いも・山いもの料理・おやつ

長いも・山いもの料理

長ばたぁ

長野●小林 徹

ほっくりやわらかい長いもに、
味噌とチーズがカリッと香ばしい

（写真・野口修二、スタイリング・本郷由紀子）

材料

長いも　1本
塩　ひとつまみ
バター　3～5g
田楽味噌※　中さじ1杯
とけるチーズ　15g
好みで刻みねぎ、七味唐辛子　適量

※田楽用の甘い味噌。普通の味噌でもよい

作り方

1　長いもの毛をコンロやバーナーで焼く

2　長いもを水で洗い、皮をむかずに2～3㎝幅に輪切りにする

3　水から茹で、ようじが刺さるようになるまで15～20分茹でる

4　蒸し器に移して5～10分蒸す（ほくほく感が出る）

5　食べやすくするため、輪切りにした長いもを4～6割りにし、皿にのせ、塩、バター（田楽味噌、とけるチーズ）の順に盛りつける

6　オーブンに入れ、バター（とチーズ）が溶けるまで焼いたら完成

7　お好みでねぎ、七味唐辛子をかけると、見た目にもおいしそうに仕上がる

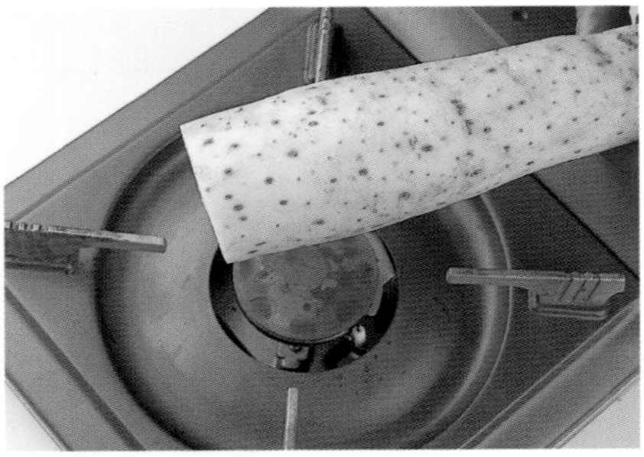

歯触りをよくするために長いもの毛を焼く
（写真・小倉かよ）

　おいしく作るコツは、ほくほく感が出るように、長いもを茹でてから蒸すこと。茹で足りないか、蒸し足りないと、シャキシャキ感が残ってしまいます。

　また、長いもはあえて皮つきで調理しました。じゃがバターと同じで、皮があったほうが素材がよくわかるからです。もちろん、食べても気になることはありません。

　信州山形村発、新しい長いもの食べ方として、多くの人に長ばたぁを食べていただきたいと思います。

長いもの卵かけ

富山の冬の日常食。
味噌と卵で優しい味わいに

材料（2人分）
長いも　1/4本（150g）
（皮をむいて薄く輪切り）
卵　2個
味噌　大さじ1～2
水　1/2～3/4カップ
青ねぎの小口切り、七味唐辛子　適量

作り方
1　鍋に長いも、ひたひたの水、味噌を入れて火にかける
2　長いもに火が通って味がしみたら、卵を溶いて、回しかけて大きく混ぜながらとじる。好みでねぎの小口切り、七味唐辛子などをかけてもよい

（レシピ・編集部、写真・五十嵐公、スタイリング・本郷由紀子）

山いもの味噌漬け

味噌床があれば簡単に漬物に

材料

山いも　1本（約180g）

【味噌床】

- 味噌　1/2カップ
- 酒　約大さじ1

作り方

1　山いもはたわしで洗って水けをふき、ひげ根をガスの直火に当てて焼き切ったら縦半分に切る

2　ボウルに味噌を入れて酒を加え、木べらでよく混ぜて扱いやすい程度の固さにのばす。半量を、保存容器の底に塗る感じで敷き詰める

3　水を絞ったさらしで**1**を包んで**2**の味噌床の上におく。その上から残りの味噌床を塗り、山いもを漬け込む

4　3日間ほどで食べ頃になる。冷蔵庫で1カ月保存できる

※味が薄くなった漬け床は塩や味噌を足す

（レシピ・なかじ、写真・高木あつ子、スタイリング・本郷由紀子）

帆立ときのこのとろろグラタン

とろろがソースの代わりに。焼き立ての熱々を出したい

（レシピ・青山有紀、写真・野口修二）

材料

山いも　200g（すりおろす）
麦味噌　大さじ1
長ねぎの白い部分　1本分
きのこ（エリンギ、しめじ、舞茸など混ぜて）　200g
刺身用の帆立（白身魚、カキ、エビでも）　4個
干し桜えび　大さじ3
オリーブオイル　大さじ1
無塩バター　15g
塩、こしょう　少々
とろけるチーズ　100gぐらい
黒こしょう　適量

作り方

1　山いもと麦味噌を混ぜておく

2　きのこは石突きをとってほぐし、帆立は半分に切る。ねぎは斜め切りにする

3　フライパンにオリーブオイルを熱し、きのことねぎを焼き付けるように炒め、焼き色がついたらバターを加え、塩ひとつまみとこしょうをふり、混ぜる

4　**3**を耐熱容器に入れ、帆立を並べて桜えびを全体にちらし、**1**をのせ、黒こしょうをふってチーズをのせる

直前

5　250℃に温めたオーブン、または魚焼きグリルで香ばしい焼き色がつくまで焼く

（レシピ・遠藤ゆかり、写真・野口修二、スタイリング・本郷由紀子、下も）

長いもポタージュ

舌ざわりは濃厚でねっとり
でも味わいはさっぱり

材料（4～6人分）
長いも　200g（長さ15㎝分）
A 玉ねぎ　大1個（薄切り）
A にんにく　1かけ（薄切り）
A 塩　ひとつまみ
植物油　大さじ1
だし汁、豆乳　各1～2カップ
塩　小さじ1
こしょう　適量

作り方
1　鍋に油をひき、Aをしんなりするまで炒め、一口大に切った長いもを加え、少し炒める
2　だし汁をかぶるくらい入れ、長いもがやわらかくなるまで蓋をして蒸し煮する。残っただし汁は後で使う
3　**2**をフードプロセッサーにかけるか、こし器で裏ごしする。鍋に戻し、だし汁、豆乳で好みの濃さにのばし、沸騰しないよう温める
4　塩で調味し、火を止めてこしょうをふる

長いものピラフ

ご飯に長いもの食感が新鮮
おつまみにもなるしっかり味

材料（4～6人分）
米　3合（洗わない）
にんにく　1かけ（みじん切り）
長ねぎ　1本（小口切り）
植物油　大さじ2
A 長いも　150g（1.5㎝角切り）
A しめじ　1/3パック（100g）（小房に分ける）
A コーン（缶）　50g
A バジルペースト　大さじ1
A 塩　小さじ1/3
黒こしょう　少々

作り方
1　鍋に油をひき、にんにくを炒める。香りが出たら長ねぎを炒め、米も加えて少し炒める
2　炊飯器に移し、Aと3合までの水を入れて炊く。炊き上がりに黒こしょうをふる

長いもポテトサラダ

サクサクの生のいもと
蒸したいもが混ざった白いサラダ

材料（4人分）
長いも（蒸す用）　200g（長さ15㎝分）
長いも（生用）　120g（長さ5㎝分）
A「酢　小さじ1
　└塩　小さじ1/5
マヨネーズ、塩、こしょう　適量

作り方
1　蒸す用の長いもはやわらかくなるまで20分くらい蒸す。生用の長いもは1㎝の角切りにする
2　蒸した長いもは熱いうちにつぶして、Aで下味をつける
3　冷めたらマヨネーズを混ぜる。生の長いもを混ぜ、味をみて塩、こしょうをふる

（レシピ・遠藤ゆかり、写真・野口修二、スタイリング・本郷由紀子）

（レシピ・遠藤ゆかり、写真・高木あつ子）

長いもの
カレーから揚げ

長いもをスナック感覚でアレンジ
食べだしたら止まらない

材料（4～5人分）
長いも　300～400g
片栗粉　適量
A「カレー粉　小さじ2、小麦粉　小さじ4
　 塩　小さじ1、水　大さじ3～4
　└こしょう　適量

作り方
1　長いもは乱切りにする
2　ボウルにAを入れてかき混ぜる
3　**1**を**2**のボウルに入れて衣をからめ、少し時間をおく（味がなじむ）
4　**3**の長いもに片栗粉をまぶして油で揚げる
※さっと揚げるとシャキシャキ感があり、じっくり揚げるともっちりする

山いも団子鍋

いもはおろして鍋に落とすだけ ふわふわの団子になります

（レシピ・編集部、写真・小林キユウ、スタイリング・本郷由紀子）

材料（4人分）

山いも（粘りの強い自然薯や大和いも）　1/2本（約500g）
ごぼう　1/2本
椎茸　4個
長ねぎ　1本
豚バラ肉の薄切り　150g
水　4カップ
A
- 酒　大さじ2
- 醤油　大さじ2
- みりん　大さじ1
- 塩　小さじ1/2

作り方

1　ごぼうを粗めのささがきにし、水に5分ほどさらしてザルにあげる。椎茸は薄切り、長ねぎは斜め切りにする

2　山いもの皮をむき、すりおろす

3　鍋に水とごぼうを入れて中火にかけ、煮立ったら椎茸と豚肉を加え、アクを取りながら煮る

4　**3**にAと長ねぎを加えたら、**2**の山いもをスプーンと箸で団子状にまとめてそっと鍋に落とし、火を通す

5　団子はやわらかいのでお玉ですくって取り分ける。入れたてをくずしながら食べても、時間をおいて、団子にだしがしみた頃に食べてもおいしい

長いも・山いものおやつ

（調理／撮影・小倉かよ）

長いもジュース

●常田 馨（JA 帯広かわにし）

まるでミルクセーキのような味 !?
台湾の人気ドリンク

材料（4人分）
長いも　300g
牛乳　400cc
砂糖　大さじ4
氷　適宜

作り方
1　長いもは皮をむき、適当な大きさに切る
2　材料を入れて、ミキサーにかけたらできあがり
※お好みで、砂糖の量を調節したり、ジャムやレモン汁を入れたりしてもよい

「長いもをジュースにするなんて……」と驚かれるかもしれません。しかし長いもはクセがなく、どんな調理法にも合うという特徴があり、中でもこのジュースはおすすめ。ミルクセーキのような味で、ゴクゴク飲めます。

じつはこれ、台湾のメニューです。台湾では長いもは漢方薬に位置づけられています。名称も、「山薬（サンヤオ）」と呼ばれ、まさに薬膳食としてジュースやスープの具材に使われ、庶民に親しまれています。そんなわけで、私どものＪＡでは十数年前から、薬膳ブームの続く台湾へ長いも輸出を手がけております。

かるかん

いものむっちりした食感がクセになる
桜の塩漬けが味と色のアクセント

（レシピ・編集部、写真・小林キユウ、スタイリング・本郷由紀子）

材料（14.5㎝×11㎝×4.5㎝の流し缶1個分）

山いも　100g
砂糖　100g
上新粉　100g
水　1/3カップ
桜の塩漬け　6個

作り方

1　桜の塩漬けは水に浸けて塩抜きし、水気をふきとる

2　山いもは皮をむいてすり鉢ですりおろす。すりこぎでいもの形が残らないようつぶしながらさらにすり混ぜる

3　砂糖を3～4回に分けて加え、すりこぎで混ぜる

4　水を少しずつ加えては混ぜ、上新粉を少しずつ加えては混ぜる

5　すべて入れたら空気を含ませるようしっかり混ぜる。生地がすりこぎで持ち上げられるくらいになればよい

6　オーブンシートを敷いた流し缶に流し入れ、桜の塩漬けをのせる

7　蒸気の上がった蒸し器に入れ、強火で20～25分蒸す。型からはずし、冷めたら切り分ける。流し缶に入れて持っていくと形がくずれない

長いも・山いものちょっとイイ話

サクサクおいしい長いもの中華風漬け

漬物名人・青森市の工藤ヌイさんに、長いものちょっと変わった中華風の漬け方を教えてもらいました。

まず長いもとにんじんを短冊に切り、長いもはなめるとちょっと酸っぱいくらいの酢水に1時間以上浸けてぬめりをとります。

次に醤油・砂糖・酢を混ぜ、砂糖がとけるまで火にかけます。冷めたところでごま油と一味唐辛子を入れて漬け汁にします。

ザルで水切りした長いもとにんじんをボウルやプラスチック容器に入れて漬け汁をかけ、旨みを出すために乾煎りして細かく刻んだ根昆布を入れます。野菜が浸るくらいに軽く重石を載せて、一日置けば漬けあがり。

長いものサクサクした食感にピリッとした辛さとごま油の香りが芳しく、酒の肴にもおかずにもいいですよ。

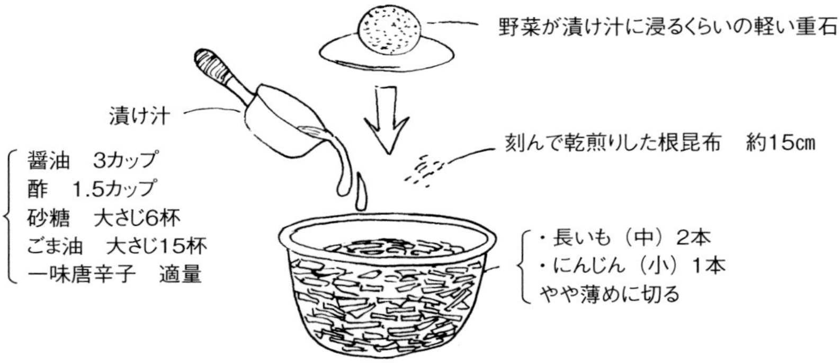
野菜が漬け汁に浸るくらいの軽い重石
漬け汁
醤油　3カップ
酢　1.5カップ
砂糖　大さじ6杯
ごま油　大さじ15杯
一味唐辛子　適量
刻んで乾煎りした根昆布　約15㎝
・長いも（中）2本
・にんじん（小）1本
やや薄めに切る

長いものピリ辛簡単おつまみ

塩尻市の塩原輝子さんから、長いものピリ辛おつまみを教わりました。材料は、餃子の皮と辛味噌と長いもだけ。1～2㎝角の拍子木切りにした長いもを、辛味噌を塗った餃子の皮にくるっと包み油で数分揚げる。これでちょっとしたおつまみの完成です。

青唐辛子の入った辛味噌と長いもの相性がぴったりで、暑い日のビールのおつまみに最適です。

山いも入れたらしっとり米粉のパウンドケーキ

●梅本美和子

パウンドケーキを作るとき、小麦粉で作るレシピを、鹿児島の「かるかん」にヒントを得て、米粉でアレンジしてみました。

　ある本に、「米粉はベーキングパウダーを使っても膨らまない」、「山いものような粘りのあるものを入れるとよい」とあったので、山いもを入れ、卵白も泡立てて、さらにベーキングパウダーも入れるという三重態勢で作りました。

　小麦粉で作ったパウンドケーキよりもやや膨らみは少ないのですが、しっとりとしていて家族にも好評でした。不思議なもので、焼きたてよりも、翌日のほうがしっとり感が増して、おいしく感じられます。小麦粉のパウンドケーキと比べて、砂糖の分量が同じわりに甘く感じられるのも特徴です。

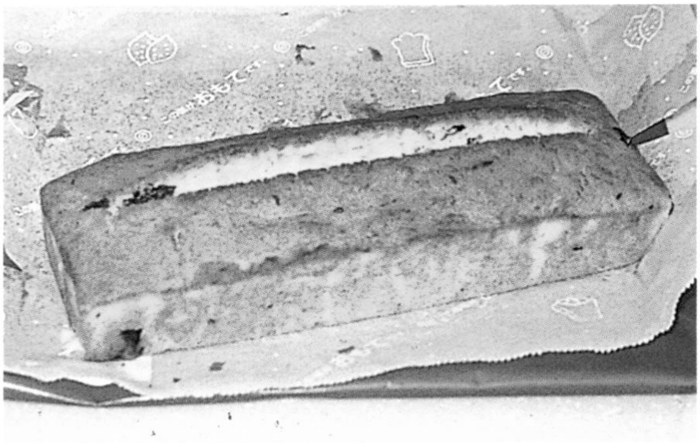

材料

米粉　120～130g
バター　80g
砂糖　90g
卵　1個
山いものすりおろし　120g
ベーキングパウダー　小さじ1

新しい味!? 自然薯を干しいもに

●編集部

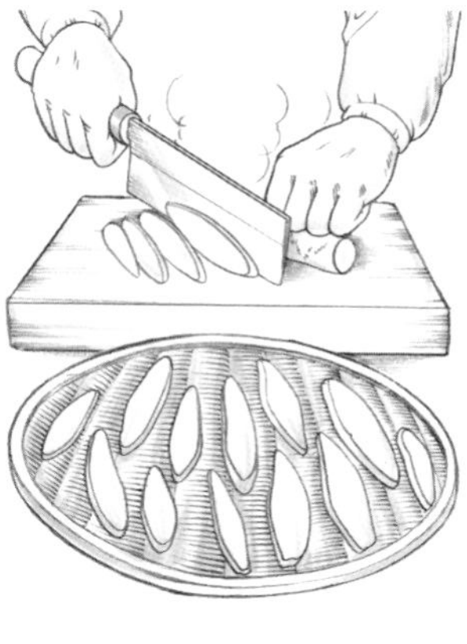

静岡県南伊豆町の山本はま子さんは、出荷するにはちょっと小さかったり、調製のときにカットして半端に残った自然薯を干しいもにしているそうです。

皮をむいた自然薯を、つまようじが通るかたさになるよう5分ほど塩で茹で、断面をなるべく大きくとれるよう斜めにスライス。厚さは5㎜くらい。天日で1~2日干したら完成です。

コツは3つ。①干し加減はさつまいもの干しいものように半干しで。②干している途中でカビないように寒の強い時期に干すこと。③何度か霜にあてた自然薯を使うと変色少なく白く仕上がる。自然薯の旨みが凝縮され、直売所でもおやつ感覚で人気です。

半干しいもは1週間くらいでカビが出ますが、完干し後、ミルで粉にすればもっと長持ちするそうです。お好み焼きや饅頭などに混ぜればモッチリ感プラス。今、ひそかに自然薯干しいもがブームです。

ふんわり、トロトロ、自然薯パウダー

●編集部

茨城県笠間市の橋本和子さんは、古代米（黒米・緑米）の甘酒などを作るアイデア加工母ちゃんです。そんな和子さんから、いち押しの「自然薯パウダー」を教えていただきました。自然薯を薄くスライスし、乾燥機にかけ、粉にしたもので、栄養が凝縮されています。お好み焼き、天ぷら、ハンバーグ、肉団子などに混ぜるとふんわりしますし、スープに入れるととろみがアップ。和洋中なんにでも合います。

看護師を退職した和子さんは、ご主人が有機栽培している自然薯を「身体にいいので、もっと手軽に食べていただきたい」と思い、1年かけて商品化。風味豊かな「皮あり」とさっぱりとした「皮なし」の2種類があり、菓子屋やそば屋に販売しているそうです。

（画／こうま・すう）

掲載記事初出一覧（※発行年と月号のみの記載は現代農業）

いもの品種いろいろ …… うかたま2016年冬号
いもの調理特性を知ろう …… うかたま2016年冬号
絵とき いもの健康力 …… 2006年11月号
絵とき いもは保存するほどうまくなる? …… 2006年11月号
いもの貯蔵のコツ …… 新規記事

第1章　至福の干しいも・焼きいもを作る

干しいもを作る

究極の干しいも作り方、教えます
…… 2006年11月号、2012年2月号
基本の干しいもの作り方
『小麦・いも・豆のおやつ』（全集　伝え継ぐ日本の家庭料理）
干しいものような焼きいも …… 2020年12月号
「焼き芋の干しいも」 …… 2020年12月号
品種ごとの熟成期間 …… 2020年2月号

焼きいもを作る

やかんと石で作る …… 食農教育2009年11月号
たき火で作る …… 食農教育2007年1月号
焼きいもをおいしく焼くコツ …… 食農教育2000年10月号
ドラム缶で作る …… 食農教育2009年11月号
絵とき 焼きいもはなぜ甘くなる? …… 2006年11月号
オーブントースターで極上の焼きいも …… 新規記事

第2章　さつまいもの料理・おやつ

さつまいもの料理

さつまいものつき揚げ …… 2011年2月号
さつまいもサラダ …… 2014年11月号
さつまいものオイスターソースがけ …… 2012年10月号
いもなんば …… うかたま2022年冬号
いもんせんの揚げもん／でんぷんだご汁
…… うかたま2016年冬号
さつまいものポタージュ …… うかたま2019年秋号
さつまいもの葉の炒め物 …… うかたま2016年冬号
長崎・対馬のさつまいも料理 ろくべえ
…… うかたま2016年冬号

さつまいものおやつ

納得の大学いもができた …… 2014年10月号
しょうがシロップの大学いも …… うかたま2019年秋号
さつまいものあめがらめ …… うかたま2016年冬号
福岡のいももち …… うかたま2016年冬号
宮古島のいももち …… うかたま2016年冬号
静岡のいももち …… うかたま2016年冬号
いきなりだご …… うかたま2010年冬号
ねったぼ …… うかたま2022年春号
ええもの／いもようかん …… うかたま2016年冬号
スイートポテト …… うかたま2016年冬号
さつまいものココナッツミルク煮 …… うかたま2016年冬号
さつまいもガレット …… うかたま2019年秋号
さつまいもとイチジクのきんつば …… うかたま2019年秋号
水あめ …… うかたま2016年冬号

第3章　じゃがいもの料理・おやつ

じゃがいもの料理

じゃがいもうどん …… 2006年11月号
じゃがいものカラフルピクルス …… 2013年2月号
じゃがいも床の漬けもの
…… 2012年12月号、うかたま2016年冬号
だしもち／いもなます／いもかん …… うかたま2016年冬号
いも飯 …… うかたま2019年夏号
トマト肉じゃが …… うかたま2021年夏号
うちのポテトサラダ …… うかたま2016年冬号

じゃがいものおやつ

ジャガ丸君 …… 2006年11月号
じゃがいももち …… 2009年6月号
いもアイス …… 2017年8月号
じゃがいもようかん …… 2014年2月号
カラフルポテトを色落ちさせない調理法 …… 2014年2月号
ポテトチップス …… 『イチからつくるポテトチップス』
うめぇよ じゃが棒 …… うかたま2022年春号
じゃがいもドーナツ …… うかたま2006年夏号

第4章　里いもの料理・おやつ

里いもの料理

里いものグラタン …… 2011年12月号
里いもコロッケ …… 2008年2月号
里いもご飯 …… 2013年11月号
里いものオランダ煮 …… 2006年10月号
里いもと焼鮭のハンバーグ …… 2018年11月号
里いもの塩辛のせ …… うかたま2016年冬号
いも煮 …… うかたま2019年秋号

里いものおやつ

里いもきんとん …… 2009年1月号
里いものおはぎ&お焼き …… 単行本『お芋の菓子箱』
いものクリーム …… うかたま2016年冬号

里いものちょっとイイ話

捨てていた親いもが商品に …… 2015年9月号
冷凍してから煮込む …… 2015年12月号
ミニ里いものみたらし風味 …… 2013年12月号
里いもパスター …… 2007年9月号

第5章　長いも・山いもの料理・おやつ

長いも・山いもの料理

長ばたぁ …… 2012年11月号
長いもの卵かけ …… うかたま2022年冬号
山いもの味噌漬け …… うかたま2010年冬号
帆立ときのこのとろろグラタン …… うかたま2015年冬号
長いもポタージュ …… うかたま2015年冬号
長いものピラフ …… うかたま2015年冬号
長いもポテトサラダ …… うかたま2015年冬号
長いものカレーから揚げ …… うかたま2014年夏号
山いも団子鍋 …… うかたま2018年冬号

長いも・山いものおやつ

長いもジュース …… 2012年5月号
かるかん …… うかたま2019年春号

長いも・山いものちょっとイイ話

長いもの中華風漬け …… 2009年3月号
長いものピリ辛簡単おつまみ …… 2012年8月号
米粉のパウンドケーキ …… 2008年12月号
自然薯を干しいもに …… 2012年2月号
自然薯パウダー …… 2016年12月号

本書は『別冊 現代農業』2022年12月号を単行本化したものです。

※執筆者・取材対象者の住所・姓名・所属先・年齢等は記事掲載時のものです。

撮影
五十嵐 公
岡本 央
小倉かよ
神戸圭子
キミヒロ
倉持正実
小林キユウ
佐々木郁夫
高木あつ子
田口和憲
(農研機構中日本農業研究センター、表紙の「あまはづき」焼きいも)
田中康弘
寺澤太郎
長野陽一
野口修二
矢島江里

カバーデザイン
野瀬友子

カバーイラスト
堀口尚子

イラスト
アルファ・デザイン
阪本卓志
こうま・すう

本文デザイン
川又美智子
山本みどり
(p6～9、52～57、68、76～77)
野瀬友子
(p9、76～77)

農家が教える
いもづくし
干しいも・焼きいも、料理・おやつ

2023年5月20日　第1刷発行

農文協　編

発行所　一般社団法人　農山漁村文化協会
郵便番号 335-0022 埼玉県戸田市上戸田2丁目2-2
電 話 048(233)9351(営業)　048(233)9355(編集)
FAX 048(299)2812　振替 00120-3-144478
URL https://www.ruralnet.or.jp/

ISBN978-4-540-23138-4　DTP製作／農文協プロダクション
〈検印廃止〉　印刷・製本／凸版印刷㈱